Rien ne va plus

Laurent Sénéca

Rien ne va plus

Folie et démesure au Casino de Monte-Carlo, un croupier raconte

DENOËL

Pour Adriana

« J'étais sûr depuis longtemps que je ne quitterais pas Roulettenbourg sans qu'il m'y fût arrivé quelque chose de décisif. Il le faut et ce sera. »

Fiodor Dostoïevski, *Le Joueur*
(trad. Ely Halpérine-Kaminsky,
Plon, 1925)

1

Le Serpent

« Sale fils de pute, face de cadavre, je vais te fumer, tu refuses de baisser les yeux ? » hurle le Serpent, qui m'insulte depuis vingt minutes devant une salle pleine, silencieuse, médusée. Il se lève et attrape le râteau avec lequel on ramasse les jetons, une longue et belle canne en buis terminée par des pointes acérées en Bakélite, devenue une arme potentiellement mortelle. Il s'approche de moi, pointe l'objet vers mon visage et me prévient : « Si tu ne baisses pas les yeux, je te plante ça dans la tête. » Je soutiens son regard. Le Serpent bascule alors le râteau derrière son épaule et opère un swing de golf, s'arrêtant à un millimètre de ma tempe, à un millimètre de m'exploser le crâne. Je ne bouge pas d'un pouce. Enragé, il jette le râteau à terre et continue de m'insulter : « Je vais te buter, sale petit enculé, je t'attends à la sortie, j'en ai refroidi plein, des comme toi… »

Jusqu'ici, sous l'averse d'insultes et de menaces de mort, je n'ai pas bougé, je n'ai pas répondu à ses provocations, j'ai simplement continué de le regarder dans les yeux, deux petites fentes de reptile qui lui valent son surnom. D'ailleurs, depuis qu'il a commencé à vriller et à s'en prendre à moi, personne n'a bougé, ni les autres croupiers, ni les joueurs, ni les simples spectateurs. Pas plus que mon inspecteur, accoudé à deux mètres de là sur le « pit », la console où on pose les boules, les livres de jeux, les notes diverses. Tout s'est figé, les parties se sont arrêtées, le silence est tombé, lourd comme une chape de plomb. Une scène de cinéma, de celles qui finissent mal. Seul un habitué, un client italien comme le Serpent et que je connais, est venu me soutenir, me glissant à l'oreille : « Daï, tiens le coup, c'est dégueulasse ce qui est en train de se passer… » Mais ni ma hiérarchie ni mes collègues ne sont intervenus, tous raides comme des momies, fondus dans le décor. C'est terrible de ne pas se sentir soutenu, d'avoir l'impression d'être seul, alors qu'autour d'une table de roulette européenne, il y a toujours quatre personnes : trois croupiers (un à gauche, un à droite, un en bout de table) ainsi qu'un chef de table. Mon directeur et mon sous-directeur ont aussi assisté à la scène, inertes. Je le comprendrais plus tard : c'est ainsi qu'ils ont gravi les échelons, en fermant les yeux, en fermant leur gueule, en arrondissant les angles, en se planquant derrière les tentures.

Au moment où le Serpent jette enfin le râteau par terre, quelqu'un s'alarme. Un inspecteur, un peu plus courageux que les autres, alerté par les cris, arrive d'une autre salle, intervient, s'enquiert de ce qui se passe, intime au Serpent de se calmer, de s'excuser, essaye de maîtriser la situation et demande aux employés préposés aux caméras de vérifier le déroulement de la partie. Le temps de visionner les bandes de vidéosurveillance, dix minutes passent encore, une éternité durant laquelle il continue de me cracher son venin. Le verdict tombe : je n'ai pas commis d'erreur. J'ai lancé la boule comme il le fallait, j'ai bien fait mon travail. À ce moment-là, mon inspecteur, jusqu'ici aussi invisible qu'un caméléon, m'ordonne : « Eh bien, allez-y, lancez la boule ! », comme si rien ne s'était passé. Là, c'en est trop. Je viens de manquer de me faire exploser le crâne, me suis fait traîner dans la boue, et cet ectoplasme me donne un ordre ? Je détache mon nœud papillon, emblème des croupiers, le jette sur la table. C'est terminé, c'est fini, je démissionne. Mes collègues, jusqu'ici pétrifiés, aussitôt s'agitent, m'entourent, me poussent vers les escaliers : « Va faire une pause, Laurent, va boire un truc, fumer une clope, va te calmer. Ne fous pas ta carrière en l'air, des tarés, tu en as vu d'autres, ça fait partie du jeu, du métier. T'es jeune, doué, tu vas grimper, démissionne pas, et puis, surtout, tu sais bien, ici, faut pas faire de vagues, faut pas que ça se sache, un joueur qui menace de mort un croupier, c'est pas bon pour le casino, ça va remonter jusqu'au palais, jusqu'au prince… Non, non, Laurent, calme-toi, va boire un truc, va te reposer. Pense à ta carrière… » Alors que ces mouches à merde qui n'ont pas bougé pour me défendre se pressent autour de moi, je les entends à peine, sourd de rage. Je suis hanté par une image : aller à la cantine, attraper un grand couteau de cuisine, remonter et égorger le Serpent.

Assis dans la salle de pause, je suis sous le choc. J'essaie de me raisonner : « Fais pas le con, calme-toi. T'as pas travaillé presque dix ans ici pour te casser à cause d'un fou. » Nous sommes en 2008 et cela fait à peine un an que je travaille à la roulette européenne, le poste le plus prestigieux pour un croupier. « T'en as vu d'autres, tu en verras d'autres. T'as pas fait tout ça pour qu'un énième mafieux t'intimide. Tu es plus fort que ça. » Je n'ai pas suivi d'études, que pourrais-je retrouver comme métier, à presque trente ans ? Je ne sais rien faire d'autre. Je serais au chômage, et ma femme, Carla, habituée à un certain train de vie, me quitterait. Si je démissionne, je perds tout. Carrière, épouse, foyer. En réalité, je suis déjà pris au piège d'une cage dorée. Je reste une heure en pause, et je me refais la partie avec le Serpent, qui avait pourtant si bien commencé.

Ce soir-là, la grande salle, somptueusement éclairée par les lustres et scintillante de reflets des diamants que portaient les femmes, baignait dans une atmosphère chaude et électrique appréciée par les clients et le personnel, un mélange de petits et de gros joueurs, toujours promesse de frénésie et d'une ambiance haute en couleur, palpitante. Le Serpent, je l'avais déjà eu. C'est un Romain de la haute, marchand d'art, très riche sans être milliardaire, qu'on disait alors proche de Berlusconi. Très grand, bel homme, toujours en costume trois-pièces, tons caramel et style années 1930. Élégant en apparence, mais, à l'instar de presque tous les Italiens que j'ai croisés ici, vulgaire, vociférant comme un charretier, arrogant et prompt à l'agressivité. Il avait un très bon niveau de jeu à la roulette et nous faisait suer. Il était malin, misait vite et gros, parfois jusqu'à 500 000 euros en une soirée, parlant à gogo, profitant, comme certains autres joueurs, du brouhaha ambiant pour multiplier ses annonces, nous induire en erreur et nous déstabiliser. Avec lui, il fallait calculer et réagir rapidement, mais la partie était toujours stimulante. On lui donnait de bons croupiers. Un croupier moyen ne pouvait pas suivre. J'étais donc fier, à vingt-sept ans, à peine assigné à la roulette européenne au Grand Casino, d'être à sa table.

La soirée commence comme toutes les précédentes. Le Serpent est chaud, la partie est intense, il lance des boules à 40 000 euros, il s'enflamme et monopolise deux ou trois croupiers. La sauce et les gains montent. Puis, au bout d'une demi-heure, il commence à perdre. À cette époque, au Casino de Monte-Carlo, il y avait des petites faveurs qui n'existaient pas ailleurs, et qui n'existent plus aujourd'hui. L'une d'elles consistait à lancer la boule dans la zone du numéro choisi par le client. Le Casino était d'accord avec ce petit geste, et les clients appréciaient. Le Serpent avait misé sur le 36, je lance donc la boule dans la zone du tiers, celle du 36. Mais bien sûr, aux jeux, c'est toujours le hasard qui décide, au bout du compte. Alors que la roulette tourne encore, je vois un copain du Serpent, un petit Italien trapu, Trizzo, venir lui souffler quelque chose à l'oreille en me jetant un coup d'œil. Le Serpent acquiesce, la roulette s'arrête, la boule tombe sur le mauvais numéro. Le Serpent me regarde avec les yeux qui flambent et commence à m'invectiver. Je comprends alors que son ami lui a murmuré que j'ai volontairement lancé la boule dans la mauvaise zone pour le faire perdre. « Petit fils de pute, tu l'as fait exprès, tu as voulu me niquer ! » Je réponds d'abord poliment au *signore* que non, j'ai bien tiré la boule là où il fallait, et dans les règles. Le Serpent ne veut rien entendre et s'ouvrent alors les portes de l'enfer : vingt minutes d'insultes et la tentative d'agression avec le râteau, sous les yeux de la salle abasourdie et la lâcheté de mes supérieurs.

Au bout d'une heure, des collègues descendent me voir. Le Serpent a accepté de s'excuser, je dois remonter. Mon premier réflexe est de refuser. Rien à foutre des excuses de cette ordure. Comme plus tôt, ils me pressent, me poussent, m'encouragent : je suis un bon croupier, et surtout, supplient-ils, ne pas faire jaser, ne pas alimenter le scandale. Qu'un client accepte de s'excuser, ça n'est pas ordinaire ! « Allez, mon gars », je me suis dit, « ne le laisse pas te vaincre, n'abandonne pas tout ce que tu as construit jusqu'ici pour une petite merde dans son genre... »

Je remonte dans la salle, vidé de l'intérieur, mais la tête haute. Quelques visages se tournent pour observer la suite du feuilleton. Mes chefs, ces fantômes qui une heure auparavant se cachaient derrière les colonnes, me félicitent, les caméras m'ont donné raison, j'ai bien fait mon travail et le comportement du Serpent est inacceptable. Il va être interdit de Casino pendant une semaine, mais d'abord, *signore*, venez donc vous excuser auprès du jeune homme. L'Italien s'approche, l'œil mauvais, et me colle mollement ses deux paumes sur les joues, deux petites baffes humiliantes, sifflant entre ses dents « *Scusi, scusi* ». L'image du couteau de cuisine me revient à l'esprit l'espace d'un instant.

Le Serpent est ensuite reparti à l'Hôtel de Paris où il avait ses quartiers, avec sa famille et sa prostituée du moment. On m'a placé à une autre table. J'ai continué le travail, comme un bon petit soldat, comme un robot. Au moment de quitter le Casino, dans la zone du personnel, des types de la vidéosurveillance qui avaient assisté à la scène via leurs écrans sont venus me féliciter d'avoir tenu le coup. Je ne suis même pas supposé connaître leur visage. Le personnel, les caméras et la police des jeux ne doivent pas, pour d'évidentes raisons de sécurité, se fréquenter ou se connaître.

Le lendemain, rebelote, on vient me taper sur l'épaule comme si j'étais un superhéros. Mais je n'en suis pas un. J'ai été dressé comme un animal de chenil : ne pas répondre, ne pas s'émouvoir, protester ou bouger. J'ai été entraîné à calculer, à mener un jeu, à obéir. Et pourtant, combien de fois me suis-je mordu les joues pour ne pas éclater de rire ou de rage devant les simagrées de clients complètement perchés, surtout dans les salles privées ? Combien de fois ai-je fixé le plafond pour ne pas exploser ? Heureusement, ce plafond est très beau.

Cette nuit-là, comme toujours, je rentre chez moi à pied : le Casino est à vingt-cinq minutes du petit studio que j'occupe avec Carla, mon épouse. L'épisode du Serpent n'est qu'un énième élément dans un tableau de plus en plus sombre et que je commence à ne plus supporter. Je suis entré au Casino à l'âge de dix-neuf ans. À même pas trente ans, je commence à être usé. La tension liée à mon métier, mes horaires décalés, la proximité avec les gens les plus dégénérés de la planète, un mariage qui bat déjà de l'aile, tout ça s'accumule en moi. Marchant dans la douceur de la nuit monégasque, alors que j'ai besoin de soutien, je sais que je vais rentrer dans un studio désert, sombre, en désordre, le frigo vide, ma femme partie faire la fête, comme tous les soirs. Que je n'aurai personne à qui me confier. Que je ne trouverai pas le sommeil. Je ne m'explique pas encore pourquoi je continue ce métier. Jusqu'ici, j'ai évité d'y penser.

Je suis rentré dans un moule, j'ai suivi un chemin tout tracé pour qui vient de la classe moyenne monégasque, ne possède pas de patrimoine et n'a pas fait d'études. Grâce à la puissante Société des Bains de Mer (SBM), entreprise publique gestionnaire du Casino, j'y ai été embauché en bas de l'échelle puis j'ai gravi les paliers. L'objectif : bien gagner ma vie, m'acheter une voiture, une maison, rester discret, jouer le jeu. On a décidé pour moi, et j'ai accepté. Je suis certes issu de l'une des plus anciennes familles monégasques, mais elle n'est pas riche. En pédalant sur mon petit vélo d'écolier, frôlé par des jantes de Ferrari, j'ai été contaminé par le rêve d'une vie aisée. Comment ai-je pu devenir l'homme que je suis ce soir, déjà éteint ? Au moment de traverser le pont Sainte-Dévote, je regarde la mer à perte de vue et je me revois à seize ans, sur mon skateboard, la grande passion de ma jeunesse. Je me levais à 5 heures pour m'entraîner avant d'aller au lycée, après avoir fumé un pétard. Je dévalais à toute allure la pente de la vieille gare avec ma bande de potes, le vent dans les yeux, Cypress Hill à fond dans les oreilles, puis assis sur nos planches, le cul dépassant de nos pantalons baggy, casquettes à l'envers et tee-shirts à l'effigie du Wu-Tang Clan. On allait sur la promenade en marbre au-dessus de la plage du Larvotto, en nage sous le cagnard, jetant un œil aux jolies filles étendues sur le sable, travaillant nos figures – ollie, ollie flip, 360 flip, tailslide, five-0 – zigzaguant entre les passants apeurés, parfois aussi chassés par la police. Je rentrais chez moi sur ma planche, à 5 kilomètres de là, avec une sensation de liberté totale. L'été, on finissait souvent sur les rochers à Menton ou à Cap-d'Ail, plongeant des rochers et nageant dans des trous sous-marins. Le soir, après une douche et un repas vite avalé, on se retrouvait de nouveau au Larvotto, cette fois juste pour regarder les filles et draguer. Explosif, nerveux, sensible, je partais à cette époque au quart de tour. Les bagarres étaient légion, on faisait des conneries, flirtait, buvait, prenait des drogues, toujours à fond sur nos planches, rebelles, désinvoltes. Où avais-je trouvé la volonté – ou la servitude – de supporter des ordures comme le Serpent ? Comment avais-je pu devenir ce triste sire en costard, aux ambitions si matérielles, si médiocres, alors que je rêvais, enfant, de devenir pilote d'avion ? Un homme qui vole, sur une planche ou dans un cockpit, qui parcourt le monde, épris de liberté. Comment m'étais-je résigné à être ce jeune homme morne, empli de solitude, travaillant dans un des plus luxueux asiles psychiatriques du monde, le Casino de Monte-Carlo, où rares sont les croupiers qui tiennent une carrière sans faire de burn-out ? Tout ça pourquoi ? Une jolie voiture ? Même pas une maison ou un appartement décent, mais un studio sombre et mal isolé, accordé par les services sociaux monégasques. Comment pouvais-je frayer sans broncher avec tout ce que la terre comporte de bandits, de mafieux, de prostituées, d'addicts au jeu, d'alcooliques, de drogués, de psychotiques, de gens qui ont, sur la planète Dollar, perdu toute dignité, toute humanité ?

Les réponses viendraient plus tard. J'en connaissais déjà certaines, mais cette nuit-là, abîmé, pourtant affamé, je me suis contenté de m'enfouir seul sous les draps, complètement recouvert, abrité comme dans une cabane ainsi que je le faisais enfant, pendant que ma mère passait l'aspirateur, et que j'épiais le monde extérieur à travers une fente parmi les pans du tissu. Petit, j'aimais aussi traîner sous la douche, imaginant des pluies tropicales, dans des jungles luxuriantes, comme un appel vers l'Amazonie dont j'ignorais encore que j'allais y vivre un jour. Mais, à l'exception de ces instants où mon esprit s'égarait dans des rêveries, de quelques promenades à vélo en rentrant de l'école dans le quartier assez populaire de Fontvieille et des vacances familiales en Corse, des bons souvenirs de mon enfance, j'en avais très peu. J'ai été heureux jusqu'à huit ans, âge auquel la violence et les déchirements ont fait irruption dans mon existence. Je n'ai retrouvé le bonheur que trente ans plus tard, lorsque, enfin, avec Adriana, mon épouse actuelle, et notre fils Diego, j'ai quitté Monaco et ce casino où rien ne compte plus que l'argent pour m'envoler à l'autre bout du monde, le plus loin possible de ce Rocher qui m'a tant donné mais où je ne trouve plus ma place.

2

Un petit con

J'avais pourtant eu des rêves, avant de me faire avaler, mâcher et recracher comme un osselet par le ventre de ce monstre. Je suis né le 9 juin 1980, à 3 h 56 comme si, déjà, j'étais prédestiné à vivre la nuit. J'ai un frère de deux ans mon aîné, François, devenu chercheur en biologie marine. Nous sommes issus d'une des plus vieilles familles monégasques. Notre généalogie est facile à retracer parce que Monaco a seulement sept cent vingt-six ans. Elle croise les branches des familles Curti et Sénéca du côté de mon père, monégasques depuis huit générations. Nous avons toujours fait partie de la classe moyenne locale. Ma mère, elle, vient de Briare, dans le Loiret. C'est en participant à une compétition de tennis à Monaco qu'elle a rencontré mon père, prof de natation. Elle avait dix-neuf ans.

En l'épousant, elle est immédiatement devenue monégasque, alors qu'aujourd'hui on ne peut obtenir la nationalité qu'après dix ans de mariage, parce qu'il y a eu beaucoup d'unions arrangées en raison de la fiscalité avantageuse de la principauté. Nous vivions à Fontvieille, qui concentre les logements sociaux. Pas les très beaux quartiers de Monaco, mais un faubourg qui reste magnifique par rapport aux banlieues de Marseille ou de Paris, pourvu de superbes jardins où j'adorais faire du vélo et jouer à cache-cache avec mes copains. Il y avait même un stade de foot. Dans notre immeuble, nous avions des voisins thaïlandais, chinois, gitans. Gamin, j'y ai été parfaitement heureux.

À l'époque, je me rêvais déjà pilote. Je connaissais tous les avions, tous les hélicos, tous les moteurs. Je me faisais des fiches entières sur les marques, l'envergure des différents appareils, le nombre et le type de bombes que pouvaient lâcher ceux qui en étaient armés. Mais mes parents nous ont rapidement plongés dans l'angoisse, mon frère et moi. Ils nous ont écrasés. Toujours critiques, pleins de jugement, ils ne nous encourageaient pas beaucoup. Personne n'était jamais assez bon pour eux, ni nous ni les autres. D'ailleurs, j'ai pris ce pli plus tard, moi aussi, critiquant souvent mes collègues.

Le tournant, la brisure, à l'âge de huit ans, ça a été le divorce de mes parents, ou plutôt le premier divorce, car ils se sont mariés et ont divorcé à deux reprises. Pour la première fois de ma vie, j'ai connu la vraie tristesse. Mes parents étaient toxiques l'un pour l'autre. Ils se déchiraient devant nous. Mon père était un play-boy. Un drame pour ma mère, qui pleurait tout le temps. Ils ne le réalisaient pas mais, par leurs dérives et leurs déchirements, ils prenaient leurs enfants en otage.

Quand j'ai eu douze ans, mon père est revenu à la maison et mes parents se sont remariés, ma mère ayant décidé qu'elle n'allait plus le lâcher. En réalité, elle était complètement paumée. Elle souffrait. C'est à ce moment-là que j'ai découvert le skateboard, en même temps que le punk, le hip-hop et le métal, et que j'en suis tombé amoureux. Un formidable moyen d'évasion. J'ai aussi commencé à regarder des films comme *American Psycho* ou *Fight Club*, qui me fascinaient par leur violence, la virilité des personnages masculins. Au collège, je n'étais pas un bon élève, même si j'avais des facilités en français et en arts plastiques. Je paraissais désabusé et indocile. Je faisais preuve d'une fierté pas toujours bien placée qui me venait de mon père, ce Monégasque d'origine italienne au caractère bien trempé. Je ne supportais pas l'autorité, les remarques, et je refusais obstinément de faire les choses comme on me le demandait. Même un cours intéressant, il fallait que je m'y rende de mon plein gré, sûrement pas parce que je le devais. Dès qu'on me présentait un livre comme obligatoire dans le programme, je faisais de la résistance, alors que je pouvais le reprendre trois semaines plus tard chez moi et le trouver passionnant. Et si en plus le prof n'était pas sympa, j'accrochais encore moins. Même mes copains disaient que j'avais un « caractère de merde » et que j'étais un « sale con ». En réalité, j'étais un gamin hypersensible, rongé par une désillusion que je dissimulais derrière de l'arrogance et une grande nervosité. À part le skate, je ne pensais qu'à draguer. Je n'ai pas eu tant de petites copines que ça, mais je ne suis sorti qu'avec des filles magnifiques. Là aussi, je tenais de mon père : il n'estimait que les gens beaux et était très pointilleux sur l'apparence physique.

L'univers du skate me sauvait de la déprime, mais les jeunes que j'y côtoyais m'ont entraîné sur la pente de l'alcool, des pétards et de la défonce à l'eau écarlate. On se cramait la tête entre midi et deux, et l'après-midi je m'endormais en classe, fracassé. À quatorze ans, je ne comprenais rien au monde qui m'entourait et je ne savais pas comment me comporter avec les gens. Je voulais être différent et je l'affirmais à travers mon look, avec mes cheveux rasés et à moitié teints en blond. Pour mes parents, tous les deux profs de sport, le skate n'était pas une vraie discipline, mais un truc de « rebelle minable ». Eux, ils ne juraient que par le golf et le tennis. Ils auraient aimé que je les suive quand ils allaient s'entraîner, pourtant, il était hors de question que je les accompagne. Et quand ils voulaient nous emmener passer le week-end à Castellane dans les Alpes-de-Haute-Provence, je refusais aussi, préférant rester à Monaco et faire du skate avec mes potes. Je m'enfermais dans la salle de bains et, au bout d'un moment, ils lâchaient l'affaire. Dès qu'ils étaient partis, je me shootais à l'eau écarlate. Je me réveillais au rhum et à la weed et, évidemment, je me faisais mal avec ma planche. Le skate, la baston, la musique, la défonce composaient un cocktail explosif. Pour moi comme pour mes amis, ce rythme était difficile à vivre. J'étais complètement perdu. Je ne m'aimais pas et je n'aimais pas les autres.

Quand j'ai eu seize ans, ma mère a fini par quitter Monaco pour s'installer à Castellane. Mon frère, qui venait d'avoir dix-huit ans, a emménagé chez sa copine. Je me suis retrouvé quasiment seul chez nous, parce que mon père passait presque tout son temps dans un autre appartement qu'il louait. J'étais désormais livré à moi-même. Et voilà : pétards, eau écarlate puis, très vite, la cocaïne. Je me détruisais et il n'y avait personne pour m'en empêcher et s'occuper de moi. Les rares fois où je voyais mon père, il me rejetait parce que j'étais un ado « ingrat » : à cause des hormones, je transpirais et j'avais mauvaise haleine. Il ne le supportait pas. Je sentais mauvais même en prenant deux douches par jour. « Tu pues », lançait-il froidement. Tout ce que je voulais, c'était me casser de cet appartement trop grand pour moi. Il fallait donc que je gagne ma vie. Au lycée, pendant que je suivais un BEP comptabilité, j'ai commencé à faire du baby-sitting. Moi qui n'avais jamais eu d'argent de poche, je trouvais ça agréable d'avoir un peu de sous.

Alors j'ai fait toutes sortes d'autres jobs : serveur, nettoyeur de plage – je me revois encore ramassant les déchets sur le sable à Monte-Carlo Beach en regardant les bateaux qui arrivaient de Vintimille. J'ai aussi été chauffeur, mais je me suis fait virer parce que j'avais fait un doigt d'honneur à la fenêtre et dit des conneries sur la radio de service que tout le monde – chauffeurs et clients – avait entendues. J'étais une grande gueule. Je parlais mal de tout et de tout le monde, ce qui me valait une mauvaise réputation.

À la suite de ce renvoi, je me suis rendu au service de l'emploi de Monaco, équivalent local de l'ANPE. La conseillère qui m'a reçu m'a orienté vers le Casino qui cherchait un chasseur : un homme à tout faire, essentiellement chargé du courrier. Il me fallait retrouver du boulot, alors j'ai accepté la proposition. Je me suis présenté – pantalon, chemise et chaussures de ville – aux ressources humaines du Casino, au Sporting d'hiver, qui regroupe tous les services administratifs de la Société des Bains de Mer et qui est aussi le centre d'examens des écoles des jeux. L'entretien a été une formalité, parce que j'avais déjà été, durant quelques mois, homme à tout faire à l'Automobile Club de Monaco. J'ai commencé trois jours après.

En pénétrant pour la première fois dans l'atrium du Casino, je n'en menais pas large. C'est un espace qui intimide, avec ses vingt-quatre colonnes de marbre rose et, dès l'entrée, la grande statue en bronze de la déesse Fortune aux yeux bandés et à la corne d'abondance.

Devant moi, deux grandes volées de marches recouvertes de velours rouge. Le bureau des chasseurs se trouvait au premier étage, en haut de l'escalier de droite. J'y ai été accueilli par le chef de service, un homme sympathique, proche de la retraite. Il m'a d'abord fait visiter tout le Grand Casino, en commençant par les bureaux administratifs situés au même étage, en haut de l'autre escalier, où j'allais devoir me rendre tous les jours. Puis nous sommes descendus au rez-de-chaussée. Il m'a montré le vestiaire, le bar, le restaurant et, au fond à droite, l'entrée de l'Opéra de Monte-Carlo où je verrais plus tard quelques concerts, dont ceux du guitariste de jazz Angelo Debarre ou du guitariste anglais John McLaughlin. Passé l'atrium, on pénètre dans les salons de jeux, eux aussi somptueux avec leurs portes anciennes en bois sculpté, leur sol de marbre ou recouvert d'épaisses moquettes imprimées de rosaces, leurs murs garnis de moulures, leurs statues néogrecques et leurs tableaux de style académique. J'en étais presque mal à l'aise, impressionné par la magnificence et le luxe, à mille lieues de l'environnement dont j'étais issu et des logements sociaux dans lesquels je vivais. Une fois habitué, j'ai apprécié de travailler dans un lieu aussi beau. Chaque matin, en traversant les salons encore vides – le service était organisé de telle manière que nous n'avions jamais à y revenir l'après-midi, au moment où arrivaient les premiers joueurs –, j'étais émerveillé, presque reconnaissant d'évoluer dans un tel milieu.

Au cœur du Grand Casino, au carrefour du Salon Europe et du Salon Blanc se trouve désormais la caisse générale, aussi appelée « le grand change », où les clients troquent leur argent contre des jetons. Mais à l'époque où j'ai débuté, elle se trouvait encore au deuxième étage, au-dessus du bureau des chasseurs. Ainsi que me l'a expliqué le chef lors de cette première visite, la décision de la déménager a été prise après qu'elle a été intégralement pillée par un employé. Furieux de ne pas obtenir une promotion qu'il convoitait, cet employé de caisse avait décidé de partir avec la recette du soir, soit 9 millions de francs. Il avait juste l'escalier à descendre pour rejoindre la sortie. Ensuite, il a disparu et on n'a jamais su ce qu'il était devenu, malgré une longue enquête de police. À la suite de ce vol, la direction du Casino a compris que la caisse était trop exposée, mal surveillée et bien trop proche des portes de l'établissement.

En compagnie du chef de service, j'ai ensuite visité le Café de Paris, le Sun Casino et le Sporting d'été, et pris connaissance de tous les circuits de distribution du courrier sur chaque site. Au début, j'ai eu des contrats de deux jours de temps à autre, puis des engagements de deux semaines, d'un mois, de trois mois et, enfin, j'ai signé un CDI. Nous étions quatre chasseurs, tous des jeunes hommes entre dix-huit et vingt ans payés 1 200 euros par mois. S'il y a des femmes aux tables de jeu, je n'en ai jamais vu une occuper ce poste – sans doute parce que, en tant que chasseur, on doit parfois porter des colis assez lourds. Les filles qui débutaient étaient plutôt engagées comme hôtesses de vestiaire, barmaids, dames pipi. En revanche, lorsque j'ai fait les écoles des jeux, il y avait des femmes dans chacune de mes promotions. On en comptait seulement deux ou trois quand j'ai accédé aux tables, mais aujourd'hui elles sont de plus en plus nombreuses à devenir croupières.

Une bonne ambiance s'est rapidement installée entre mes collègues chasseurs et moi, et j'ai vite apprécié ce travail qui m'ouvrait des perspectives : à l'époque, il se disait – je découvrirais plus tard que ce n'était pas toujours vrai – que les chasseurs étaient les futurs cadres du Casino. Cette mythologie de la « petite porte » résonnait en moi parce que je n'avais pas fait d'études : ce job était le premier qui m'offrait des possibilités d'évolution. D'ailleurs, dans notre groupe de chasseurs, tout le monde attendait en piaffant d'avoir vingt et un ans – âge légal pour pourvoir accéder aux salles de jeu – afin de postuler à une place de changeur aux machines à sous. À ce poste, le salaire était de 1 500 euros, mais avec les pourboires il était possible de gagner jusqu'à 4 000 euros. C'était extrêmement motivant.

Devenir chasseur m'a permis de me sentir un peu moins paumé, d'acquérir une autonomie, de ne plus rien devoir à personne, de m'émanciper tout en gagnant un cadre dont j'avais cruellement besoin. Je me suis accroché à cette branche, la première que j'ai trouvée, comme un naufragé au milieu d'un torrent. À côté du boulot, je partais toujours un peu en vrille. Je fumais des pétards, je sniffais de la coke, j'enchaînais désormais les copines et je montais à la baston quand on me cherchait. J'étais vraiment un petit con. Je faisais encore du skate et aussi de la guitare – j'avais commencé à quatorze ans. Je jouais du punk dans le style de Pennywise et de Bad Religion. En bagnole, je roulais à 200 km/h dans Monaco pour frimer. Je m'étais offert une Polo GT avec un petit compresseur. De la balle, cette caisse. Je commençais à aller beaucoup à Cagnes-sur-Mer ou j'ai rencontré une nouvelle bande de skaters très cool. Quand j'étais ado, la plupart des mecs de Menton qui venaient skater à Monaco étaient des fils de bourgeois. Ils me jugeaient en un coup d'œil, n'étaient pas très sympas et l'ambiance était toujours un peu tendue. Avec les mecs de Cagnes, ça a collé tout de suite et on partait en folie. On traçait à Montpellier ou à Marseille pour tester les skateparks. Parfois, on se défonçait tellement aux pétards ou à la coke que, une fois arrivés à destination, on n'arrivait même plus à monter sur la planche.

Au boulot, certains de mes collègues aimaient bien mon côté rebelle. J'avais surtout sympathisé avec Vincent. Il venait de perdre son père et il était à vif. On se la collait ensemble et on cherchait les embrouilles. Dès 10 heures du matin, on se mettait dans une cage d'escalier discrète – je connaissais déjà les moindres recoins du Casino, y compris les locaux des techniciens – et on s'enfilait des traces de coke. Les jours du Grand Prix de formule 1 – le circuit longe le Casino –, on grimpait dans une petite tour avec des baies vitrées en passant au-dessus de l'ascenseur, et on avait la plus belle vue pour suivre la course et se mettre chiffon.

En revanche, pendant les heures de travail, de 8 heures à 18 heures, j'étais sérieux. Vincent, qui était protégé par son amitié avec le fils du directeur, se tenait moins bien. Je me faisais des lignes dès le matin, mais quand j'arrivais, j'étais impec, discret, professionnel. Lui effectuait ses missions de chasseur en jogging et portait la barbe. Il pouvait se le permettre. Il entrait avec le courrier dans les salons ou les bureaux, il s'en foutait et ne se changeait pas, alors que nous autres devions obligatoirement porter un costume et être rasés de près. Un matin, j'ai décidé de ne pas mettre de cravate non plus et, quand le directeur m'a croisé, il m'a averti : « La prochaine fois, t'es viré ! » Vincent agaçait tout le monde. Maladroit, il renversait et cassait des objets dans le Casino et s'engueulait tout le temps avec un autre chasseur, Elian, qui, il faut bien le reconnaître, était légèrement mythomane. Parfois, ils en venaient aux mains et il fallait les séparer. Quand Vincent faisait des conneries, le directeur, au lieu de le convoquer seul, rassemblait tous les chasseurs et enguirlandait tout le monde. Sur le moment, Vincent faisait carpette, puis il recommençait ses bêtises en toute impunité. Ce traitement de faveur m'a fait comprendre comment le Casino fonctionnait, et que j'allais devoir la jouer fine, apprendre à louvoyer, ne pas me mettre la hiérarchie à dos, sans me laisser faire non plus.

À vingt et un ans, j'ai enfin accédé aux machines à sous. J'ai eu comme formateur un mec formidable qui connaissait mon père, parce qu'il avait pris des cours de tennis avec mes parents. Travailler aux machines à sous consiste à tenir une caisse qui contient des centaines de milliers d'euros. Il faut aussi savoir placer les jetons en piles, classés par taille et par valeur. Même chose pour l'argent : lorsqu'on paie le client, les pièces et les billets doivent être présentés bien à plat, par ordre de valeur, et épinglés quand il y en a beaucoup. Plus tard, l'épingle serait remplacée par une pince. Vingt ans après, c'est une habitude que j'ai encore à la moindre transaction en liquide : je ne supporte pas de mélanger les billets.

En deux jours, mon apprentissage aux machines à sous a été plié. Mon formateur a assuré à l'inspecteur qu'il n'y aurait aucun problème avec moi. Au début, je ne travaillais pas seul : j'étais accompagné d'un superviseur qui vérifiait que tout se passait bien. Ce qui m'a le plus marqué lors de ces premières nuits, c'est la difficulté à rester éveillé. J'avais tout le temps sommeil et je devais lutter contre. J'ai mis une semaine à m'y faire, comme lorsqu'on doit s'habituer à un décalage horaire. Ce qui me revient de ces débuts, ce sont les odeurs. Dès que j'entrais au Casino par la porte du personnel, j'étais saisi par des effluves émanant de la cuisine ou des toilettes. Quant aux boxes où officiaient les caissiers, ils sentaient la transpiration. Il y avait par ailleurs la poudre noire que laisse l'argent, surtout les pièces, qui se déposait partout, sur les mains mais aussi sur le visage, les cheveux. C'était la même sur les trois sites du Casino où j'ai travaillé, qui comptent à eux trois mille deux cents machines à sous et qui tournent avec dix à quinze changeurs par nuit.

J'ai pris le monde de la nuit monégasque en pleine face. Pas celui de la fête, de la danse, du champagne et des paillettes. Celui, très glauque, des addicts au jeu, de l'argent pas toujours propre, des prostituées qui traînent sans cesse dans les parages à la recherche d'un pigeon à plumer, celui aussi de la cocaïne à foison, que les clients consommaient pour rester éveillés. Combien de fois ai-je vu des types revenir des toilettes en reniflant ? Des mecs parfois hypnotisés pendant plusieurs jours devant leur machine. Certains ne mangeaient pas, n'allaient même pas pisser tant ils étaient lobotomisés. Quand ils ne jouaient pas, ils venaient en caisse, changeaient et repartaient. Ce manège se répétait toute la nuit, presque comme un TOC. Voilà la réalité qui m'a frappé : le jeu est une addiction et, dans un casino, on a vraiment affaire à des drogués. Des gens qui ne pensent qu'à ça, ne parlent que de ça, s'énervent rapidement quand ils perdent ou sont à court d'argent, comme des junkies en manque. Les salles de machines à sous sont particulièrement déprimantes à cet égard : on n'y trouve ni glamour ni action puisque, pour gagner ou perdre, il suffit d'appuyer sur un bouton à l'infini, à la manière d'un automate. J'y voyais rarement des clients fortunés ou connus, à l'exception d'un célèbre entraîneur de foot français qui adorait jouer au Colossus, une machine à sous géante où les jetons, du diamètre d'une pomme, valaient 2 000 euros la pièce. La plupart des joueurs dans ces salles étaient des hommes d'un certain âge, et quand il y avait des jeunes, c'étaient des mecs un peu racailles qui avaient l'air de petits dealers – et qui l'étaient sans doute –, affublés de leur casquette et de leur sacoche Lacoste.

Au bout de quelques mois, j'étais presque aussi lobotomisé que les clients à cause du bruit de la salle, même s'il parvenait un peu atténué à la caisse. Des ritournelles et des sons répétitifs et obsédants – il m'est arrivé de les avoir en tête toute la journée du lendemain – qui se déclenchent sur les machines quand quelqu'un gagne. Je n'imaginais même pas les *stimuli* que ça pouvait représenter pour les joueurs, créant une atmosphère terrible qui favorise le jeu compulsif. Elle repose sur les sons stridents, mais aussi sur les lumières envoyées à chaque nouvelle partie par les cadrans situés autour des machines et qui atteignent le joueur en plein visage, comme pour l'hypnotiser. Très vite, les salles devenaient dégoûtantes, ambiance fin du monde, surtout en fin de nuit. Les gens buvaient, fumaient, mangeaient sans quitter les machines. La salle se retrouvait jonchée de verres vides et de mégots écrasés sur la moquette. Au bout de quelques heures, les clients se laissaient totalement aller, vautrés sur leur siège, posant leurs pieds parfois déchaussés sur la machine.

La salle des machines à sous, c'est aussi un monde de solitude. Même si nous étions dix à quinze changeurs chaque nuit, on ne se parlait pas puisqu'on travaillait dans des boxes séparés. Et quand on s'occupait des caisses qui prévoyaient deux ou trois postes, chacun restait concentré sur sa tâche, comme engourdi par le climat. Pourtant, il y avait ce qu'on nomme dans le jargon la « lacune » : ces moments, parfois très longs, où la salle est vide et où aucun client ne vient en caisse. Alors on reste assis et on attend. Mais on ne peut ni lire ni faire autre chose, il faut être toujours prêt. C'est bien pire que les moments où il y a du monde et que ça défile à la caisse. Changeur aux machines à sous est un métier qui n'a vraiment aucun sens. Néanmoins, le poste convainc grâce à l'argent que l'on peut y gagner : avec les pourboires, on peut toucher 4000 à 4500 euros par mois, soit un salaire de cadre sup.

Grâce à cette paie très confortable, pour la première fois, j'ai pu avoir mon propre appartement. Ma mère en a fait la demande pour moi, et j'ai obtenu un studio selon le système de points pour l'attribution des logements sociaux en vigueur à Monaco. Mes parents avaient quitté notre appartement quatre ans plus tôt, j'y vivais seul depuis lors et ils en avaient marre de payer 1 000 euros pour un quatre-pièces. Je me suis donc retrouvé dans un studio de 33 mètres carrés qui ne me coûtait que 400 euros, alors que la moindre surface de ce type dans le parc privé avoisinait les 3 000 euros. À cette époque, je ne voyais plus ma mère ni mon frère, qui était sur le point de partir en Australie, et on ne s'appelait jamais. Mon père était le seul proche que je croisais encore, mais nos échanges étaient souvent houleux. Je ne renouerais avec ma famille que bien plus tard, quand j'aurais des enfants à mon tour.

3

« Ici nous donnons du rêve »

Planté sur le front de mer, dans le quartier de Monte-Carlo où se croisent grandes fortunes, vedettes et retraités très aisés, le grand Casino, avec son architecture Belle Époque, fait partie de la géographie et de l'imaginaire de tous les Monégasques. Sa devise : « Ici nous donnons du rêve. » Du rêve aux clients, du rêve aussi à tous les habitants modestes de la principauté. Quand j'avais cinq ou six ans, un ami de mon père qui venait d'y être engagé aimait me montrer comment on manipulait les jetons. Mon père me disait alors avec un air de mystère : « Regarde, lui, il est rentré dans les jeux. » À l'époque, les croupiers gagnaient encore mieux leur vie qu'aujourd'hui. Certains roulaient en Porsche ou en Ferrari. Ils avaient la réputation d'être flambeurs, arrogants, alcooliques, mais aussi un peu stupides parce que des mecs intelligents qui avaient fait des études pour terminer au Casino, il n'y en avait pas beaucoup. Adolescent, j'entendais beaucoup dire que si on n'avait pas réussi à l'école ou si on ne savait pas quoi faire comme boulot plus tard, il y aurait toujours le Casino, qui reste, encore de nos jours, le plus gros employeur local.

C'est le prince Charles III – celui dont le quartier de Monte-Carlo porte le nom – qui a eu l'idée, au XIXe siècle, de créer un casino pour renflouer les caisses d'un territoire démuni. La principauté, qui avait perdu les territoires de Menton et de Roquebrune au profit de la Sardaigne avant qu'ils ne soient rattachés à la France, n'était alors qu'un rocher affaibli, aride, brûlé par le soleil et planté d'oliviers. Un village de cultivateurs et de pêcheurs pauvres d'un millier d'habitants. Pour mener à bien son projet, le prince fait appel à l'homme d'affaires François Blanc, fondateur avec succès d'un Casino à Hombourg, en Allemagne. S'inspirant des villes d'eaux allemandes, profitant de la vogue du thermalisme mais aussi de l'interdiction des jeux d'argent sur le territoire français, ils créent par ordonnance souveraine la Société des Bains de Mer, ainsi que le quartier de Monte-Carlo et le Casino, inauguré en 1863 et dont François Blanc devient le principal actionnaire. Un premier casino existait déjà depuis 1856, installé dans la villa Bellevue, de style italien, dans le quartier de la Condamine, mais ses exploitants avaient été incapables de le faire décoller. Avec l'expertise de François Blanc et en vingt ans seulement, Charles III va métamorphoser le Rocher en un plateau éclatant de richesses.

La compagnie prend son essor grâce à l'ouverture de la ligne ferroviaire Paris-Monaco en 1868 et au développement du train Nice-Vintimille. Les hôtels dont elle finance la construction rivalisent de luxe avec ceux des capitales du monde entier : en 1864, la SBM ouvre l'Hôtel de Paris, qui accueille encore aujourd'hui les plus gros joueurs étrangers pendant leur séjour dans la principauté. Surtout, François

Blanc importe à Monaco une nouveauté de taille : la roulette, qui a fait sa fortune à Hombourg. Jusqu'alors, la roulette comportait un zéro et un double zéro, comme son actuel équivalent américain. Mais François Blanc décide de supprimer le double zéro, ce qui favorise les clients, lesquels ont désormais une chance sur 37 de gagner contre une sur 38 auparavant. En 1868, la SBM ouvre le Café de Paris, le deuxième Casino le plus prestigieux de Monte-Carlo. Enfin, toujours grâce à la SBM, là où régnait la sécheresse fleurissent désormais des jardins aussi verdoyants que foisonnants.

Le succès est presque immédiat, les joueurs affluent et le Casino dégage bientôt 80 % des revenus de Monaco. On y croise le gotha de l'époque, au premier rang duquel les têtes couronnées : le futur roi d'Angleterre Édouard VII, le tsar Nicolas II, François-Joseph Ier, l'empereur d'Autriche. Mais aussi des politiques comme Léon Gambetta, ou encore Alexandre Dumas, Jules Verne et la comédienne Sarah Bernhardt. La légende raconte que, un soir, celle-ci y a perdu 100 000 francs or en trois heures. Ruinée, elle serait rentrée à l'Hôtel de Paris et aurait tenté de mettre fin à ses jours en avalant un tube de somnifères avant d'être secourue in extremis par un de ses amis. Renflouée, elle n'aurait plus jamais mis les pieds dans un casino.

Un terrain de tir aux pigeons est créé à côté du Casino pour attirer une clientèle haut de gamme qui aime la chasse. Pour combler les besoins d'une aristocratie européenne qui prise désormais les bains de mer, le quartier de la Condamine accueille les thermes marins – aujourd'hui le point de départ et d'arrivée du Grand Prix de formule 1. Tout est pensé en plus grand et en plus beau qu'ailleurs, avec pour objectif de couper les clients du réel le temps de leur séjour. Fêtes, distractions, bals… Monaco s'impose comme un centre de dévergondage raffiné. La presse française de l'époque se déchaîne et décrit la principauté, et le Casino au premier chef, comme un lieu de perdition. À la mort de François Blanc en 1877, son épouse, Marie Blanc, prend la suite des opérations. C'est elle qui demande à Charles Garnier, l'architecte de l'Opéra de Paris, de concevoir l'édifice du Grand Casino tel qu'on le connaît aujourd'hui. Le nouvel établissement, qui abrite aussi l'Opéra de Monte-Carlo, ouvre ses portes en 1879, inauguré par un spectacle de Sarah Bernhardt. Devenu la Mecque du jeu, Monaco voit ses activités et son immobilier exploser. Hôtels, résidences et villas de luxe recouvrent peu à peu le Rocher. Par l'ordonnance de 1869, le prince supprime l'impôt sur le revenu, attirant dans la principauté de grandes fortunes séduites par cette fiscalité avantageuse. Mais il prend également une autre mesure, toujours en vigueur aujourd'hui : il interdit aux Monégasques l'accès au Casino afin qu'ils n'y dilapident pas leur argent, mais aussi pour éviter les connivences entre employés et clients et, partant, les risques de triche. En 1911, la SBM met sur pied le Rallye automobile Monte-Carlo et ouvre un club de golf sur le mont Agel, à deux pas de Monaco. Au cours des années 1920, les hôtels de l'Hermitage et de Monte-Carlo Beach commencent leur activité. Puis, pendant l'entre-deux-guerres, une route côtière longée de palmiers et de magasins est créée : c'est la fameuse plage du Larvotto, avec ses nombreux restaurants et boîtes de nuit, où je faisais du skate, adolescent.

Dans les années 1950-1970, l'époque durant laquelle Monaco s'est le plus enrichi, le Casino connaît une nouvelle période de faste : celle du prince Rainier et de Grace Kelly. Grâce à son passé d'actrice hollywoodienne, cette dernière a attiré dans la principauté toute une clientèle de stars américaines et internationales dont Ava Gardner, Rita Hayworth, Carry Grant, Elizabeth Taylor, John Wayne et Orson Welles. Le Premier ministre britannique Winston Churchill, un fidèle du Casino depuis les années 1930, y fait un retour tonitruant après la Seconde Guerre mondiale, clamant : « Messieurs, reprenons la partie là où nous l'avions laissée. » Le soir même, il perd 1,3 million de francs et fait un chèque au Casino – qui, finalement, ne l'encaissera jamais en hommage au rôle capital du célèbre joueur dans la victoire des Alliés. Les années 1970 sont celles de la jet-set internationale : le Casino accueille le duc et la duchesse de Windsor, Omar Sharif et Frank Sinatra, mais aussi l'armateur et milliardaire grec Aristote Onassis. Tous se pressent au Sporting nouvellement créé (1974), à la fois salle de spectacle, restaurant, boîte de nuit et casino d'été. Un temps président de la Société des Bains de Mer, Aristote Onassis cherche en outre à en prendre le contrôle mais, pour le prince Rainier, il est hors de question que le Casino tombe aux mains d'un étranger. Il fait donc voter en urgence une augmentation de capital et en rachète l'essentiel des actions. Il frappe fort, vite, à la pirate. La légende ne dit-elle pas que la dynastie Grimaldi dont il est issu fut fondée en 1297 par François Grimaldi, corsaire qui s'empara par la ruse – il était déguisé en moine franciscain – du Rocher qui était alors une forteresse génoise ? Sept cents ans plus tard, Rainier n'allait pas laisser filer le joyau assurant au Rocher une énorme partie de sa richesse. Aujourd'hui encore, on évoque le prince Rainier comme « le patron ». Il a su tenir la SBM et le Casino d'une main de fer et entreprendre et réaliser de très beaux coups. Parmi ceux-ci, les parts prises dans la chaîne de casinos de Las Vegas et de Macao de son ami Steve Wynn juste avant l'introduction en Bourse, en 2002, du groupe fondé par ce dernier. La SBM, qui a le monopole des jeux à Monaco, est détenue par l'État monégasque à près de 70 % aux côtés du géant français du luxe LVMH (5 %) et du groupe Macao Galaxy Entertainment (4,99 %). La société reste notamment la première entreprise touristique privée de la Côte d'Azur, avec de nombreux actifs dans l'hôtellerie de luxe et les loisirs, et l'un des plus gros employeurs de la principauté, assurant près de quatre mille postes.

Dix ans après mes débuts au Casino, la puissante, si puissante Société des Bains de Mer a connu les premiers revers de son histoire sous l'effet de la crise financière mondiale de 2008. Des pertes historiques à hauteur de 17 millions sur un chiffre d'affaires s'élevant à l'époque à 362 millions d'euros – soit un déficit de 20 %. Du jamais-vu. Pour la première fois depuis 1863, la Société des Bains de Mer n'était plus bénéficiaire. Et le Casino, son activité la plus rentable, en a été la première victime. Ses comptes ont rapidement viré au rouge profond. Les grosses fortunes n'avaient plus envie de jouer ou de flamber. Quant à ceux qui, sans nécessairement claquer 500 000 euros par soirée, venaient perdre chaque week-end entre 20 000 et 30 000 euros, comme les gros commerçants ou les patrons de PME italiens, ils se faisaient aussi plus rares et plus prudents.

Sortie du rouge en 2018, la SBM a subi un nouvel effondrement de son chiffre d'affaires sous l'effet de la crise sanitaire de la Covid-19 et des confinements successifs. Pour la première fois, la société a même dû recourir à un plan de restructuration et à une réduction de ses effectifs. Par ailleurs, l'époque où Monaco était incontournable est désormais révolue. Les plus riches lui font des infidélités à l'île Maurice ou à Dubaï, quand ils ne vont pas dans les casinos de luxe qui ont ouvert un peu partout, de Londres à la Croatie.

Quand j'y suis entré, le Casino de Monte-Carlo était au sommet de sa rentabilité et disposait encore de trois sites. Le Grand Casino, le plus beau, est celui que l'on voit dans deux films de la série James Bond : *Jamais plus jamais* (1983) et *Golden Eye* (1995). Il se compose d'une succession de sept salons. Plus on s'enfonce dans le bâtiment, plus les salles deviennent petites et sélectives. Des portes dérobées permettent d'accéder aux salles ultraprivées qui n'accueillent qu'un seul client, des salons qu'on surnommait le « trou ». Quand l'un de nous s'y rendait, un autre le chambrait : « Tu vas au trou ? », comme s'il s'agissait d'un séjour en prison, et pour cause – on savait que la nuit allait être longue. En tout, il y avait quatre salons ultraprivés, trois au Grand Casino et un au Sporting de Monte-Carlo où j'ai aussi travaillé pendant un été.

Sur la gauche du Grand Casino se situait le Café de Paris avec son cadre contemporain, presque futuriste. Du temps où j'y travaillais, l'ambiance s'inspirait du film *La Guerre des étoiles*, décors et personnages grandeur nature compris. On y pratiquait les mêmes jeux, avec une prédominance de jeux américains comme le craps et la roulette américaine. Enfin, le troisième site était le Sun Casino, situé au-dessus de la chicane du circuit de formule 1. Le Sun – il n'existe plus aujourd'hui – était l'établissement le plus accessible, un casino comme il en existe des dizaines sur les côtes françaises ou dans les villes thermales : beaucoup de machines à sous et seulement quelques tables de jeu, le tout dans un décor un peu criard et vieillot sur le thème du cirque. Il avait aussi la particularité d'être la salle des croupiers français, destinés à y rester, parce que seuls les Monégasques pouvaient monter dans la hiérarchie.

4

Black jack et coup de foudre

Pendant mes deux années aux machines à sous, j'ai travaillé dans les trois établissements. Ensuite, j'ai demandé à être transféré aux jeux de table. Comme tous les candidats, j'ai dû passer un examen préalable pour prouver mon niveau de calcul et d'anglais – langue indispensable quand on côtoie la clientèle internationale. Après avoir réussi ces épreuves, j'ai été admis à la première école de jeu, celle du black jack, le jeu de cartes le plus simple qui est donc tout indiqué pour les apprentis croupiers. Le joueur y mise contre la banque et doit simplement battre le croupier en s'approchant du score de 21, mais sans aller au-delà.

La formation est financée par le Casino, qui détache des inspecteurs ou des chefs de table expérimentés pour assurer l'enseignement. Nous étions une quinzaine d'élèves. Au début, on découvrait les règles du jeu, on apprenait à manipuler les jetons – c'est-à-dire à les présenter bien alignés au client, de gauche à droite pour les distribuer et de droite au gauche pour le paiement –, à les disposer sur le tapis de façon esthétique, à la main ou avec le râteau, mais aussi à compter et à lire les cartes le plus vite possible ou à calculer mentalement le résultat des gains. Parmi les candidats, j'ai vite reconnu des « fils de » qui s'imaginaient avoir de l'influence à Monaco. J'en connaissais certains depuis la maternelle, et je ne les supportais pas.

J'ai passé trois mois à l'école de black jack. D'un point de vue psychologique, cet apprentissage fut une épreuve difficile. Un des profs était complètement alcoolique, à tel point qu'il s'arrêtait parfois en plein milieu du cours car il n'arrivait plus à parler à cause de ses douleurs au foie… Un jour, il a annoncé à un élève que ce n'était pas la peine que celui-ci revienne le lendemain parce qu'il portait sous son costume un col mao et non la chemise-cravate réglementaire. Apparemment, on pouvait se faire virer au moindre manquement. J'ai pensé : « Waouh, faut pas déconner, ils ne te laissent pas deux opportunités. » Peu à peu, j'ai commencé à manipuler les jetons avec habileté. Ce qu'on appelle dans le métier une « belle manipulation », c'est la manière d'étaler les jetons à la main, 5 par 5 en quinconce pour effectuer un change ou un paiement. Dans la mesure du possible, cette présentation doit être parfaite du premier coup, symétrique, fluide et propre. Certains croupiers chevronnés n'arrivent pas à faire des lignes parfaites du premier coup, ce n'est pas rédhibitoire, mais ça rend le jeu moins beau. Par ailleurs, je maîtrisais bien les paiements et le calcul des gains de 1,5 fois la mise… Pourtant, à l'issue des petites épreuves que l'on a passé au cours de la première semaine, je suis sorti de mon box et j'ai entendu les formateurs me dire : « Non, ça va pas. » Mais quand je me comparais aux autres, je ne comprenais pas cette sévérité : mes camarades me semblaient médiocres. La deuxième semaine, même chose, on me répétait : « T'y arrives pas. » Je commençais à penser que c'était fini pour moi. Comme le directeur du Sun Casino s'était révélé être une connaissance de mon père, je l'ai appelé pour savoir s'il pouvait me mettre en contact avec cette personne – j'étais vraiment stressé de ne pas réussir. Mais il m'a rétorqué : « Pas question que je t'aide. » Mon père ne rigolait pas avec ça. Finalement, ç'a été un mal pour un bien : lorsque les formateurs ont eu vent de ce lien, ils ont changé d'attitude du jour au lendemain et se sont mis à m'assurer que mes progrès étaient fantastiques. « Tu fais partie des meilleurs », me félicitèrent-ils tout à coup. Pourtant, je fournissais les mêmes efforts, et surtout, cette formation ne comportait rien de très difficile. Or, Monaco, et en particulier le Casino, est le royaume du piston et des passe-droits. Puisque pas mal de candidats étaient des fils d'anciens inspecteurs ou directeurs, le favoritisme et les coups bas allaient bon train. Un jour, une fille s'est mise à pleurer et a jeté les cartes à terre en balançant : « Je n'y arriverai jamais ! » J'ai pensé qu'elle allait se faire recaler, mais rien de tel ne s'est produit. Elle a même fait une belle carrière.

L'examen final consistait en une simulation de partie sous la supervision des directeurs, inspecteurs et chefs de table, dont certains jouaient le rôle des clients. Pour bien évaluer les candidats, ils tendaient des petits pièges, en particulier à ceux qui ne s'en sortaient pas trop mal. J'ai eu droit à une « poussette », une ruse où un client profite de ce que le croupier s'occupe d'un autre client qui a un bon score, proche du 21, pour balancer plus d'argent sur sa mise initiale, ni vu ni connu. Quand le directeur a essayé de me faire ça, je l'ai vu tout de suite et je l'ai stoppé net : « Non monsieur, ici, c'est interdit. »

Les tentatives de déstabilisation n'étaient pas rares non plus entre aspirants croupiers. Pendant qu'on attendait les résultats de l'épreuve, un des candidats favorisés est venu me voir au change pour me dire que je n'étais pas pris, alors qu'en fait j'avais réussi. D'autres assuraient qu'ils allaient être nommés directement au Café de Paris sans passer par le Sun Casino, où tout le monde débutait normalement aux jeux de table parce que, à l'époque, le Casino fonctionnait encore selon une certaine hiérarchie comportant des passages obligés. Un jeune croupier commençait d'ordinaire au Sun Casino, « montait » au Café de Paris pour finir au Grand Casino, tout en passant par de nouvelles écoles des jeux. Les plus prestigieux étaient la roulette européenne, le punto banco, ou encore le baccara, qui permettaient de travailler dans les salons privés où on touchait les meilleurs salaires.

Après le black jack, j'ai été formé pendant une semaine au caribbean stud poker, une sorte de sous-poker où le client joue contre la banque. C'est un tout petit jeu, ni intéressant ni flamboyant, aux parties très courtes. Entre nous, on l'appelait « le poker de croisière », parce qu'il est très prisé des gens âgés qui jouent dans les casinos des bateaux de luxe.

J'ai rencontré Carla, ma première épouse, pendant ma formation au black jack. Un jour, j'étais sorti boire un verre avec deux collègues : j'avais besoin de me détendre et de ralentir le rythme, extrêmement intense à ce moment-là. Je suivais les cours la journée et, la nuit, je travaillais au change : je ne dormais presque pas. Je rentrais souvent à 3 ou 4 heures du matin et me levais à 7 heures pour attaquer l'école à 9 heures. Je finissais à 18 heures puis retournais travailler. À l'époque, il était habituel de bosser et de faire les formations en même temps. Ce n'est plus le cas aujourd'hui.

Ce soir-là, on était donc au McCarthy's, le seul bar cool du quartier, avec sa déco dans le style pub anglais. Nous étions en train de discuter quand j'ai vu une jeune fille magnifique, une silhouette de rêve, la peau dorée et tellement souriante. Un de mes deux amis, qui la connaissait, m'a soufflé qu'elle était colombienne, qu'elle avait vécu à Londres et qu'elle était à Monaco pour un an. Il me l'a présentée sans tarder, et je suis tombé sous le charme. Carla était très intelligente, cultivée, surtout versée en histoire de l'art, et parlait cinq langues.

La semaine suivante, je fêtais mon anniversaire au restaurant avec un ami. Carla est justement passée devant la baie vitrée de l'établissement. Elle s'est arrêtée pour me saluer, et je lui ai confié que c'était le jour de mon anniversaire, mais que je ne comptais pas forcément sortir ensuite. Ça lui a paru inconcevable : « Ah, mais chez nous, en Colombie, c'est très important, les anniversaires ! Il faut fêter ça bien. Rejoins-moi au McCarthy's. » J'y suis allé et, peu après, on a commencé à sortir ensemble. À ce moment-là, loin de son pays natal, Carla se sentait libre : elle n'était ici que pour un an, papillonnait et faisait beaucoup la fête. Elle ne voulait pas s'engager. J'ai très vite souffert de la situation. Parfois, il lui arrivait même d'appeler ses autres amants devant moi pour leur demander quand ils allaient se revoir.

J'ai fait mes débuts aux tables de black jack du Sun Casino directement après l'école. Dès mes premiers contacts avec les clients, j'ai eu un aperçu de ce que serait la suite de ma carrière : les comportements inacceptables, la triche, la violence, les trajectoires de vie carbonisées par la folie du jeu. Une des premières fois où j'ai tenu une table, c'était avec Trizzo, celui qui, beaucoup plus tard, soufflerait au Serpent que j'avais fait exprès de lancer la boule dans la mauvaise zone. Trizzo était l'héritier d'une grande fortune de constructeurs immobiliers italiens, et il a cramé tout le pognon de son père dans le jeu. Il aimait bien mettre à l'épreuve les nouveaux. Très sûr de lui, prétentieux, il adorait nous déstabiliser. Quand il avait un bon score, par exemple un 19, il continuait à tirer des cartes, alors qu'en faisant ça il avait 95 % de chances de passer au-delà du 21. Mais il poursuivait sur sa lancée, histoire de tester notre réaction, pour nous provoquer, pour voir si on allait essayer de le dissuader ou bien rester de marbre. C'était aussi une manière d'affirmer sa supériorité, de signifier : « Je suis tellement riche que je peux perdre juste pour le plaisir. »

Je me souviens aussi de ce client parisien très sanguin qui, un jour, a balancé le sabot distributeur de cartes – il n'y avait pas encore de mélangeur électronique – à la tête d'un de mes collègues. Le sabot servait à stocker les paquets de cartes, qu'on ne mélangeait pas à chaque partie. Certains clients très intelligents et dotés d'une excellente mémoire parvenaient à compter les cartes à l'intérieur du sabot. Souvent, ils avaient des complices à table. L'un comptait les 8, l'autre les 10, un troisième les 6. Après un temps, lorsqu'on constatait qu'il n'y avait pas eu beaucoup de dix, on pouvait logiquement s'attendre à ce qu'ils tombent de façon imminente. C'était le moment où les « compteurs de cartes » misaient plus d'argent. Pour lutter contre cette stratégie, on ne remplissait le sabot qu'à moitié. Au lieu des six paquets de cartes habituellement nécessaires à une partie de black jack, il n'y en avait plus que trois ; compter les cartes devenait plus difficile. Voilà pourquoi ce client parisien, qui était en train de perdre, a jeté le sabot – un bloc rectangulaire en Bakélite de 2 kg – au visage de son croupier.

Je me rappelle également cet assureur qui avait dû détourner du pognon de ses clients ou de sa boîte tant il jouait fort – entre 100 et 500 euros la mise – et qui poussait sans arrêt ce cri de guerre : « Assureurs, tous des voleurs ! » Pendant deux ans, il a claqué systématiquement 5 000 à 10 000 euros par soir. À ce rythme, il a vite tout perdu et s'est retrouvé à faire la plonge dans un resto de Monaco.

Je faisais de grands efforts de concentration pour m'acquitter de ma tâche le mieux possible mais, au bout de quelques mois, j'ai commencé à m'ennuyer et à perdre mes illusions. Le travail ne m'intéressait plus, le black jack étant un jeu sans annonces, sans surprise, très répétitif. Même la salle de pause semblait triste. Meublée de quelques canapés moyennement confortables, d'une table et d'une poignée de chaises, elle avait des allures de tripot. À l'heure de la pause, mes collègues écoutaient de la musique, mataient des chaînes porno en mettant le son à fond ou alors jouaient aux cartes ou au backgammon. On pouvait rarement s'y reposer vraiment. Les premières semaines, cinq ou six « fils de » avec qui j'avais fait l'école se sont monté la tête pour faire changer leur contrat et être davantage payés. Ils voulaient engager un mouvement de grève. Ça faisait à peine trois mois qu'on avait commencé, leur rébellion était de la pure folie. Quand l'un d'entre eux m'a demandé de me joindre à eux, j'ai essayé de le raisonner : « On vient à peine de rentrer, on ne maîtrise même pas tout à fait le jeu, on ne va pas se lancer là-dedans. » Il m'a répondu que notre promotion était forte parce que composée de Monégasques importants et que, à ce titre, il était légitime de demander une hausse de salaire. En dépit de ses arguments, je ne les ai pas suivis. Le lendemain, je suis allé travailler normalement et j'ai passé le barrage des grévistes en leur tenant les mêmes propos que la veille, ajoutant que si mon métier ne me plaisait plus, je partirais. J'ai essuyé quelques insultes au passage, mais j'ai gagné les salons sans encombre. Quatre croupiers seulement ont tenu les tables des clients, cet après-midi-là.

En tout, j'ai passé onze mois au Sun Casino, une période sans grand intérêt… Je faisais le job, mais je m'ennuyais plus que jamais. J'avais déjà envie de me barrer.

Puis nous avons eu vent d'un appel à candidatures pour le Café de Paris. J'en ai discuté avec un inspecteur, qui m'a encouragé. J'ai donc postulé et, surprise, j'ai fait partie des quatre personnes retenues. Il y avait trois fils et fille de cadres des jeux européens… et moi ! Comme je n'avais pas d'appui, je suppose que le fait de ne pas avoir fait grève au Sun Casino m'a aidé à être nommé. Mais comment savoir… Le système de promotion au Casino a toujours été très opaque. Je me souviens du directeur qui, à mes débuts, nous avait présenté les différentes écoles à faire pour progresser : la roulette américaine, le craps, la roulette européenne, le punto banco… Une main s'était levée : « Et si on ne veut pas faire toutes les écoles ? Je sais déjà que je n'aime pas la roulette. » C'était la fameuse stagiaire de l'école de black jack qui n'arrivait pas à compter les cartes jusqu'à 21 et qui avait quand même été engagée… De mon point de vue, à peine recrutés, on n'avait pas à faire les difficiles et, surtout, être formé à tous les jeux me paraissait être la base. Mais la réponse du directeur m'a encore plus surpris : « On verra, ne vous inquiétez pas, faites l'école et on trouvera une solution pour que vous puissiez rester au black jack ».

5

Premiers gros clients

En 2004, je suis monté au Café de Paris. Afin de rendre cette transition possible, j'ai été formé à la roulette américaine – celle avec un zéro et un double zéro. On y apprend à manipuler les jetons et à lancer la boule d'une manière différente. Si ce jeu a la réputation d'être plus facile que sa version européenne, c'est parce que la roulette américaine est concave pour que la boule ne sorte pas du pont, alors que la première est en pente. Que le croupier tire bien ou mal, dans la version américaine de ce jeu, la boule reste dans le cylindre. Sous de nombreux aspects, la roulette américaine fait penser au bingo. Le croupier fait le change, donne les jetons, jette la boule, dit : « Rien ne va plus », la boule tombe, le croupier paye. Par la suite, j'ai aussi fait une formation de punto banco et de « 30 et 40 », un vieux jeu encore plus soporifique que le stud poker ou le texas hold'em. D'une lenteur… Le seul jeu qui m'ait tenu en haleine, celui qui m'a fait rester au Casino treize ans de plus, c'est la roulette européenne.

Côté vie sentimentale, Carla commençait à s'attacher à moi, me disait qu'elle m'aimait. Moi, j'étais complètement fou d'elle. On s'est vus jusqu'au moment où elle a dû rentrer en Colombie. Ensuite, je l'y ai rejointe pendant mes congés. C'est ainsi que j'ai découvert le pays extraordinaire où je vis aujourd'hui. J'ai eu le coup de foudre. Pourtant, au début, la Colombie peut paraître très déstabilisante, si particulière de par sa grande richesse naturelle, son climat merveilleux et la gentillesse des gens, qui voient toujours le bon côté des choses et vont de l'avant. Or, dans ce même pays, le visiteur découvre aussi la pauvreté, la criminalité, la violence exposée aux yeux des passants. Avant d'y mettre un pied, je n'avais jamais vu de cadavre dans la rue, le ventre ouvert ou « amputé » des jambes.

La famille de Carla vivait au nord de Bogota, dans un quartier privilégié. L'ascenseur montait directement dans un appartement de 350 m^2. Quand nous avons franchi la porte ensemble la première fois, Carla a enlevé ses chaussures et fait tomber sa veste. Aussitôt, une gouvernante est apparue pour s'occuper de ses affaires. Je n'avais jamais rien vu de tel. La cuisine, personne chez elle ne s'en préoccupait. Il y avait des employés pour ça. Ce faste ne m'a pas séduit, loin de là, au point que je me suis parfois retrouvé à aider la gouvernante dans ses tâches. Les parents, oncles, tantes, cousins, frères et sœurs affichaient une grande proximité et se voyaient au moins une fois par semaine. Ils partageaient tout et étaient heureux ensemble. Tout l'inverse de ce que j'avais connu enfant. Et ça m'a touché, d'autant qu'ils m'ont très vite adopté. Quand j'ai dû rentrer pour le travail, Carla a décidé de me rejoindre et s'est installée avec moi à Monaco.

Après la roulette américaine, en 2005-2006, j'ai fait l'école de craps, ce fameux jeu de dés américain qui se déroule sur une table ressemblant à une piscine, et que l'on voit notamment dans le film *Casino* de Martin Scorsese : le personnage interprété par Sharon Stone s'y adonne lorsqu'elle se fait surprendre par le patron du casino, joué par Robert De Niro, en train de glisser des jetons dans son sac. L'ambiance d'une partie de craps est toujours assez folle. Le jeu en lui-même est un peu plus compliqué que le black jack pour le croupier : il nécessite des annonces, les calculs des paiements par rapport à la mise y sont plus variés, et le client n'a pas le droit de toucher les jetons. C'est le croupier qui les place pour lui. J'ai immédiatement apprécié ces règles un peu plus élaborées. Un inspecteur m'avait d'ailleurs dit : « On reconnaît les bons candidats à la roulette européenne à ceux qui s'en sortent bien au craps. » Malheureusement, ce jeu est peu pratiqué hors des États-Unis. Au Casino de Monte-Carlo, il n'a vraiment été en vogue qu'après le mariage du prince Rainier avec Grace Kelly en 1956, événement qui a attiré une importante clientèle américaine. À mon époque, il ne restait plus qu'une table ou deux dédiées à ce jeu et, par conséquent, les croupiers qui le maîtrisaient ne tournaient pas beaucoup et ne pouvaient pas devenir très bons.

J'ai eu mes premiers gros clients dès que j'ai commencé à travailler au black jack, au Café de Paris mais surtout au Grand Casino, un peu plus tard. Au fil des ans, j'en ai côtoyé toute une galerie. C'est là que j'ai connu, notamment, le Lama Cracheur, Domino, le Serpent, mais aussi deux frères qui vendaient et achetaient des yachts et qui ont fini par être arrêtés pour blanchiment d'argent. Ils profitaient de leurs bateaux pour faire passer des mallettes de cash par voie maritime. Gros, puants, insultants, acides. Quand je les avais à table, ils se plaisaient à m'interpeller en se moquant de moi : « À la mer ou à la montagne, Laurent vous accompagne ! » Puis ils enchaînaient, méprisants : « Allez, tire la carte. »

Un soir, en 2006, j'ai eu à ma table Jay-Z et Beyoncé. Je me tenais prêt dans la Salle Blanche du Grand Casino, entièrement décorée dans les tons crème, des tapisseries murales aux riches moulures du plafond. C'était un samedi soir, et il y avait pas mal de monde. Le chargé des relations publiques est venu me trouver et m'a annoncé l'arrivée imminente du rappeur et de la chanteuse. J'ai eu pour instruction de privatiser la table. Dans ces cas-là, dans la mesure où la Salle Blanche est publique, on entoure simplement ladite table de cordons semblables à ceux qui bordent les tapis rouges des festivals. Quand le couple est entré dans la salle, c'est à peine si les regards se sont tournés dans leur direction : la venue de stars au Casino n'a jamais provoqué de grands bouleversements. On y évolue dans un entre-soi de gens très riches pour lesquels un tel spectacle est habituel. Élégants sans en faire trop, lui vêtu d'un costard quoique porté de manière décontractée et elle d'une longue robe moulante, Jay-Z et Beyoncé sont arrivés à ma table accompagnés de leur chauffeur, de leur garde du corps, mais aussi de quelques membres de leur famille. Je garde un très bon souvenir d'elle, douce, aimable, encore plus belle que dans ses clips. Elle a été la seule à me saluer, d'un « Bonsoir » et d'un sourire lumineux. Jay-Z, qui se la jouait un peu, n'a eu ni un regard ni un mot pour moi. Ils se sont installés à côté d'un couple de leur entourage, occupant ainsi quatre des sept sièges de la table. Entre-temps, Jay-Z avait confié 10 000 euros au chargé des relations publiques pour que celui-ci les lui change en une plaque de cette valeur. Il m'a ensuite donné la plaque et je l'ai changée en jetons. J'ai commencé par étaler devant les deux couples les six jeux de cartes à la manière d'arcs-en-ciel. C'est une garantie de bonne foi pour le client : il peut ainsi constater que les jeux sont complets. Ensuite, j'ai rabattu les cartes en les mélangeant des deux mains. J'ai formé quatre petits paquets que j'ai continué à mélanger l'un après l'autre, avant de les assembler en un gros paquet que j'ai coupé en deux sous les yeux de Jay-Z. Puis je lui ai demandé, comme à tous les clients, s'il souhaitait couper le paquet lui-même, ce qu'il a fait. Ensuite, j'ai mis tous les paquets de cartes dans le sabot, face cachée. À ce moment-là, ils étaient prêts à jouer. Leur proposition m'a étonné : en dépit de leur fortune, ils ont commencé à 25 euros seulement. Ils n'étaient pas là pour flamber. J'ai disposé les jetons devant eux, bien alignés, et j'ai distribué les cartes face visible. Et ils ont misé. Je me souviens que, après cette première partie, Jay-Z a « busté », c'est-à-dire qu'il a fait 22. Il a donc perdu et j'ai pris sa mise. Beyoncé, quant à elle, a fait un black jack après la deuxième carte – elle avait eu un as puis un 10 –, et je l'ai payée. Une partie de black jack dure généralement entre deux et trois minutes. Au bout de vingt minutes, comme le stipule le protocole, je suis passé à une autre table et j'ai été relevé par un collègue. Le couple star est resté deux heures de plus juste pour le fun : en toute honnêteté, ils ne savaient pas jouer et on voyait bien qu'ils n'étaient pas familiers des salles de jeu. En tout, ils ont dû jouer seulement 1 000 dollars, alors qu'à côté Domino, un important mafieux napolitain, en perdait allègrement 500 000.

J'ai commencé à avoir des problèmes au black jack la même année, en 2006. J'ai pété les plombs devant un client. Pendant la formation, on ne m'avait pas prévenu qu'il ne fallait jamais se confier aux clients, ne rien évoquer de sa vie personnelle. J'ai dû tout apprendre sur le tas. Un soir, je vois arriver un Italien qu'on appelait Orangina. Ce surnom était inspiré par le slogan « Orangina, secouez-moi, secouez-moi ! » : l'Italien avait une jambe estropiée et tanguait en marchant. C'était un demi-mafieux, on ne savait pas trop d'où il sortait son pognon. Il s'installe à ma table, me regarde et me lance : « Salut, petit jeune, t'as une tête sympa », puis il se met à me faire la conversation et me demande si j'ai une copine. Je commence à lui parler de Carla. Je lui raconte qu'elle est colombienne et que tout se passe très bien entre nous. Pendant ce temps, le jeu suit son cours et Orangina commence à perdre : 50 000, 100 000, 150 000, 200 000. Il tourne rapidement vinaigre. Et je vois mon chef de table qui, sentant que ça va partir en vrille, s'éloigne. Orangina se tourne vers moi et me balance en italien : « T'es sûr que ta petite copine, c'est pas un mec, qu'elle a pas une bite, qu'elle t'encule pas, des fois ? » Je ne réponds pas, mais il insiste. Je regarde à droite puis à gauche et je repère mon chef de table planqué à 10 mètres de là. Je l'interpelle malgré tout : « Chef, venez, ça sent pas bon. » Il ne bouge pas d'un pouce. La situation devient de plus en plus embarrassante et tendue.

Sur ces entrefaites, un autre Italien rejoint Orangina et ce dernier lui dit en me désignant du menton : « Tu vois ce jeune ? Il aime se faire enculer par sa copine, c'est une petite Colombienne qui a une bite et qui lui fait le cul. » Je dois continuer à animer la partie pendant que ces mecs se marrent en parlant de moi. « C'est vrai qu'il est mignon », ajoute l'autre. Subitement, je perds mon sang-froid et je crie, prêt à me battre : « Viens là, fils de pute, que je te défonce ! » J'ai eu de la chance. Un des rares inspecteurs qui avait du cran au Casino était présent. Après avoir assisté à la scène, il s'est approché de moi : « Sénéca, viens ici, sors de la salle. » Il appelle un autre croupier qui me remplace sans tarder – la partie doit continuer –, puis me recadre tranquillement : « Calme-toi, Sénéca, tu as une carrière, ici. Après, tu vas entrer aux jeux européens, ça va être fantastique pour toi. Allez, va te reposer, va te reposer. » Il m'a sauvé. Il ne m'a pas engueulé, n'a rien dit à personne, et je n'ai pas eu de problèmes par la suite. Voilà la faune du casino de Monte-Carlo que j'ai connue à partir de 2004 au Café de Paris puis, deux ans plus tard, au Grand Casino, car les clients amateurs de roulette européenne jouent aussi souvent au black jack – jeu que le Grand Casino propose également. J'ai mis du temps à me rendre compte que c'étaient de véritables malades. Au départ, j'ai été sidéré, pris au piège d'un système qui accepte les comportements les plus déplacés au nom de l'argent.

J'y ai aussi connu Ada, une prostituée colombienne. Elle était fille de sénateur. Sa famille avait fui sa patrie pour s'installer en Italie. Je n'ai jamais su comment elle était passée de la bourgeoisie à la prostitution. À Monaco, elle vivait dans la fête, la démesure. Quand elle s'est rendu compte que je parlais espagnol et que je connaissais son pays, elle s'est mise à venir régulièrement à ma table. Souvent, elle affichait un sourire dément de beauté, mais était aussi en proie à de redoutables sautes d'humeur. Le reste du personnel parlait dans son dos ; la rumeur disait qu'elle taillait les meilleures pipes du Casino. La présence des prostituées, toutes répertoriées par la police, était largement tolérée. Certains soirs, on en comptait même plus que de clients dans la salle. En attendant d'en trouver, elles restaient au bar, ou bien jouaient de petites sommes. Il y avait des blondes, des brunes, des Noires, des Asiatiques. Prostituées de rue ou *escort girls* élégantes, on en trouvait pour tous les goûts et pour tous les porte-monnaie, si l'on peut dire. Les rares fois où elles ne traînaient pas déjà dans les salons, elles débarquaient subitement quand des clients importants arrivaient. Contre des billets qu'elles donnaient aux portiers ou aux chargés des relations publiques, on les tenait au courant de tout. C'était flagrant : par exemple, lorsque le Géant Vert, le plus gros client du Casino, était là, elles rappliquaient toutes comme par enchantement et formaient un véritable défilé. Si la prostitution était tolérée, il n'en allait pas de même du trafic de drogue. Ce marché de l'ombre est extrêmement discret à Monaco, et d'ailleurs ce n'est pas si facile de s'en procurer, à l'inverse de Nice ou de Cagnes-sur-Mer. Pourtant, des croupiers à certains gros clients, comme cet armateur italien qui allait sans cesse se repoudrer au cours de ses parties, la coke coule à flots. Mais jamais je n'ai vu de dealers rôder aux abords du Casino ou dans les salons.

C'était le monde dans lequel j'évoluais : un univers de putes, de drogue, de mafieux, de politiques et d'hommes d'affaires qui se prenaient pour des bandits et qui l'étaient parfois. On y croisait notamment un autre Italien, Pierrucci, propriétaire de nombreux hôpitaux et cliniques dans son pays, dont les patients ressortaient escroqués. Certains venaient pour une entorse et repartaient avec une prothèse de hanche. Un monde brutal, cru, écœurant. Quelles que soient leurs activités à l'extérieur, ces gens avaient pour point commun d'exercer un pouvoir, un contrôle sur les autres, et ce contrôle, ils venaient le perdre au Casino. Au bout du compte, les cartes et la roulette étaient toujours plus fortes. Au fond, quelque chose ici leur résistait inéluctablement, et c'était ça qui les excitait, mais ça aussi qui leur faisait totalement perdre les pédales. Je me souviens de trois clients russes que j'avais parfois au black jack. Très froids, patients, connaissant parfaitement le jeu et le sentant venir, ils attendaient leur moment car le black jack est fondé sur des statistiques. Ils ouvraient les sept postes de la table, ce qui est autorisé dans la principauté mais interdit en France – au Casino de Monte-Carlo, il existe beaucoup d'exceptions et de faveurs. Ça multipliait leurs chances que le jeu tourne en leur faveur. Jouant longtemps, avec un sang-froid extraordinaire, ils nous essoraient. Ils gagnaient souvent, mais ils perdaient aussi parce qu'ils ne parvenaient pas à se retirer du jeu à temps. Au bout du compte, c'est toujours l'émotion qui prend le dessus : l'usure, les heures passées à table, les whiskies ingurgités font que, à un moment, même le joueur le plus concentré finit par perdre contre le Casino.

Au Café de Paris, les clients n'étaient pas les seuls cinglés. Les managers aussi pouvaient l'être. Deux mois après mon arrivée, j'assistais déjà à des scènes aussi étranges que gênantes. Le directeur du Café de Paris, qu'on appelait « la Boulette » parce qu'il se tirait les crottes de nez au vu et au su de tous, était un véritable obsédé sexuel. Repérant des femmes dans la salle, il se mettait dans des coins stratégiques d'où il pouvait regarder leurs fesses, et il se faisait régulièrement prendre en flag dans son bureau, le pantalon sur les chevilles, en plein sexe oral avec la femme d'un de ses croupiers. Mon inspecteur de l'époque était aussi un cas. Un soir, j'ai eu à table le Serpent et la Bellini, deux gros clients à gérer, deux « bombardiers », comme on surnommait les joueurs avec un haut niveau de mise. Quand deux clients de ce calibre se réunissaient à la même table, on était assurés de finir vidés. Pendant la partie, je vois l'inspecteur se marrer avec le directeur et je les entends dire tout haut : « Putain, j'en ai un gros là. » Et l'autre de répondre : « Allez vas-y, envoie, mon pote. » L'inspecteur fait alors quelques pas et se positionne entre ma table et celle d'un collègue. Il s'accroupit, se baisse et lâche un énorme pet, puis s'éloigne comme si de rien n'était. Le directeur rigole : « Putain, il était bon, celui-là. » Le Serpent me regarde, stupéfait, et décide d'ignorer la scène. Le directeur s'approche à son tour et imite l'inspecteur. Toute la soirée, ils se sont amusés à qui larguerait le plus gros pet entre les tables. J'étais atterré, me disant : « C'est pas possible, mais où on est ? Chez les dingues ? » Le Serpent a fait la même remarque à voix basse. Le pire, c'est qu'après tout ça et malgré cet étalage de grossièretés, cet inspecteur du Café de Paris, un ami du directeur du Casino, a été nommé directeur des relations publiques. Il s'agit d'un poste stratégique dans un établissement qui fonctionne comme un village, avec 90 % de clients réguliers. Cet homme allait donc incarner l'image du Casino auprès d'eux ? C'est à ce moment-là, alors que j'avais à peine vingt-cinq ans, que j'ai compris que je ne pourrais rien attendre de ma hiérarchie.

6

La Bellini

On l'appelait « la momie », tant elle dégoulinait de maquillage et de bijoux, de colliers, de bracelets, de boucles d'oreilles, de diamants, d'émeraudes, de saphirs. La Bellini était une aristocrate romaine, une baronne qui se montrait toujours d'un stoïcisme à toute épreuve. Long fume-cigarette entre les doigts, elle faisait un petit signe de tête pour qu'on lui donne une carte ou pour signaler qu'elle passait son tour. Une seule fois, elle a dérogé à la règle du silence pour me montrer sur son téléphone une photo de sa petite-nièce, allongée dans un lit rempli de plaques de 50 000, 100 000, 200 000 entremêlées à des billets de banque.

Au black jack, la Bellini était capable de perdre 300 000 euros dans la soirée dans la plus royale indifférence. Ce qu'elle adorait, et qui l'excitait, c'était être à table avec des gangsters et des mafieux de l'acabit du Serpent ou de Domino. Un soir, elle s'est retrouvée à côté du Serpent et d'une Américaine. Cette dernière jouait comme à Las Vegas, avec cette manière très festive et exubérante de miser, de commenter le jeu. Moi-même, j'avais du mal à la supporter. Elle criait, riait fort, coupait sans cesse la parole. À ses côtés, la Bellini ne bougeait pas, ne tournait même pas les yeux vers elle. L'Américaine essayait pourtant de lui faire la conversation. La Bellini l'a ignorée. Puis elle m'a regardé, m'a rendu la mise et a quitté la partie sans un mot.

Au Casino, tout lui était permis tant elle lâchait du fric. À la roulette, on lui passait n'importe quoi. Par exemple, selon le règlement, le client ne peut pas participer à un jeu avec annonces s'il ne se trouve pas à table. Mais elle, elle faisait ses annonces depuis la terrasse où elle sortait fumer, depuis le bar, depuis le restaurant. Je crois qu'on lui aurait même permis de faire ses annonces depuis les toilettes si l'occasion s'était présentée. Ainsi, quel que soit l'endroit où elle se trouvait, elle faisait un petit geste étrange, comme au base-ball, quand un joueur demande que la balle soit lancée. Si elle faisait signe avec un doigt, on comprenait qu'elle souhaitait miser par 100, deux doigts signifiaient une mise par 200, etc. Un soir, Weirdo, un autre gros client italien, faisait son show à la roulette pendant que la Bellini était au black jack. Elle s'est approchée et m'a murmuré : « Faites-moi le même jeu que pour monsieur », et elle est repartie à sa table. Ce soir-là, Weirdo a gagné 500 000. Et le Casino a aussi payé la baronne alors qu'elle n'avait pas été présente à la roulette une seule minute. Ils ont un peu rechigné, mais tout s'est réglé à l'abri des regards dans le bureau du directeur des jeux, avec lequel elle entretenait d'excellentes relations. Et elle a été payée. Elle a dû lui dire quelque chose comme : « Si tu ne me règles pas, je ne viens plus et tu perdras beaucoup plus que 500 000. »

7

La roulette européenne

La roulette européenne incarne l'essence même du Casino de Monte-Carlo, un des rares établissements au monde à la proposer. C'est en partie dû au fait que ce jeu coûte très cher : quatre employés doivent être présents à table pour gérer les joueurs et prendre leurs annonces. Qui plus est, la formation des croupiers dure plusieurs mois. Il faut être attentif au moindre détail, se souvenir du jeu habituel du client, notamment lorsqu'il nous dit « Faites-moi mon jeu » alors qu'il n'est pas venu depuis plusieurs semaines.

Je suis entré à l'école de roulette européenne en 2006, à un moment où je me posais déjà la question de continuer ou non au Casino. Depuis 2003, j'étais dans un état second, déjà usé. J'ai continué malgré ma lassitude, parce c'était comme ça et parce que Carla, qui avait grandi dans le luxe, était très dépensière et qu'elle ne travaillait pas. Elle a nourri mille projets, mille idées d'entreprises, mais aucun ne s'est jamais concrétisé. Elle préférait se la couler douce, déambulant dans les rues de Monaco au volant de ma Ford Mustang, faisant du shopping avec ses amies, sortant beaucoup le soir. Quand j'évoquais l'idée d'arrêter le Casino, elle me secouait : « Tu vas faire cette école, tu vas continuer à avancer. » Alors c'est ce que j'ai fait, parce que je l'aimais et qu'on allait se marier.

Heureusement, la roulette européenne est un vrai jeu, auquel j'ai fini par m'intéresser. La manipulation des jetons s'est avérée beaucoup plus belle, plus esthétique, plus complexe aussi, car en plus de les aligner pour le change ou le paiement, nous devions aussi apprendre à les disposer devant le client sur les différentes zones du tapis en fonction des numéros joués. Tout ça à la main. Le croupier envoie ainsi les jetons en cascade d'un mouvement rapide du pouce de façon qu'ils tombent du premier coup sur la bonne case ou la bonne transversale. C'est cette manipulation qui fait de la roulette un vrai spectacle. Le système d'annonces, lui, ajoute du suspense, et surtout, le croupier doit rester vif et attentif : il arrive qu'un client joue de manière un peu folle en misant sur presque tout le tapis ou pendant que la boule est encore en train de tourner – autre exception autorisée à Monte-Carlo alors que, dans les autres casinos, une fois que le croupier a jeté la boule, on ne peut plus modifier son jeu. J'ai donc adoré m'initier à ce jeu, si beau à voir, si beau à travailler, et non dénué de sens. La tension y est d'autant plus grande que certains clients sont capables de jouer à deux ou trois tables en même temps. Par ailleurs, à la roulette européenne, contrairement au black jack, le croupier est plus proche du client dont il prend les annonces, dont il doit comprendre et mémoriser le jeu très rapidement, et auprès de qui il est censé se montrer réactif. Si un gros joueur se rend compte que le croupier ne suit pas, il n'est pas rare qu'il change de table afin d'en chercher un de meilleur niveau.

C'est le revers de la médaille : à la roulette européenne, les très bons croupiers assurent fatalement tout le boulot et gèrent les plus gros clients.

Un peu naïvement, je me suis pris de passion pour ce jeu. Et pendant un temps, j'ai été heureux de m'en occuper. Certains de mes collègues, plus désabusés et cyniques, l'ont remarqué et se payaient volontiers ma tête. En passant à ma hauteur, ils s'exclamaient : « La roulette, c'est chouette, les jetons, c'est ma passion ! » Qu'à cela ne tienne : je suis resté croupier à la roulette européenne de 2007 à 2020, l'année où j'ai quitté le Casino. Sans ce jeu qui me tenait en haleine, je n'aurais pas tenu ces treize années de plus.

Les Italiens sont les vrais seigneurs de ce jeu. Ils savent le faire vibrer comme personne, et parviennent à produire les parties les plus intenses. Dario, un héritier romain, grand, bronzé, cheveux longs – un vrai look de play-boy –, était de ceux-là. Quand il était à ma table, je savais que je devais être concentré et rapide, parce qu'il balançait toujours beaucoup de numéros juste avant que la boule ne tombe. Chaque fois, il venait accompagné d'un larbin, un type plus âgé qui allait lui chercher des cafés et qui faisait office de souffre-douleur. Dario jouait beaucoup, mais gagnait rarement. Quand il perdait, il frappait son larbin pour se défouler en lui gueulant qu'il était un raté et qu'il lui portait le mauvais œil. Puis il lui proposait de se « racheter » en l'obligeant à énoncer les prochains numéros. Faisant une tête d'enfant battu, le larbin se mettait presque à pleurer et ne se rebellait jamais. La séance d'intimidation ne s'arrêtait pas là : Dario lui intimait ensuite « Viens ici, viens ici », l'autre arrivait la tête dans les épaules et se prenait une grosse claque. Puis Dario le menaçait encore : « Allez, donne les numéros, et s'ils ne tombent pas, je t'en mets une encore plus grosse. » Ce jeu de domination-soumission se répétait à chaque partie. C'était à la fois fascinant et pathétique.

Je me souviens aussi d'un monsieur de quatre-vingts ans qui donnait toujours l'impression d'être au bout du rouleau et qui marchait avec une canne. Il était si faible qu'il avait besoin d'aide pour arriver jusqu'à la table. Il jouait toujours 35 numéros par 1 000 euros, sauf le 23 et le 33. Cette manière de miser n'avait pas vraiment de sens : en fin de compte, il mettait sur la table 35 000 euros pour en gagner 36 000 (35 000 plus sa mise initiale de 1 000 euros). Un jour, il n'a pas eu de chance : le 23 et le 33 sont tombés très souvent, et il a perdu. Or, venant de vendre en France un petit appartement, il a décidé de retirer l'argent de cette vente, soit dans les 150 000 euros, pour revenir les jouer. Il a fait son jeu habituel par 2 000, sûr de se refaire et même de gagner davantage. La boule est tombée sur le 23. Je me souviens qu'il a murmuré, stupéfait : « Oh putain, merde », comme s'il avait juste fait tomber un verre par terre. En un après-midi, sur une boule, il avait perdu l'argent de cet appartement. Ça m'a fendu le cœur ; le casino l'avait plumé, comme tous les autres. On ne l'a plus jamais revu, après ça.

Prendre son service en tant que croupier à la roulette européenne, c'est comme entrer dans une arène. Parfois, à peine arrivé, quand on relève un collègue, il faut prendre en main en une demi-seconde une partie entamée. Au bout d'une heure, pour peu qu'il y ait plusieurs clients à table, on en sort trempé de sueur du col de chemise jusqu'aux chaussettes. La partie se déroule à une grande table ovale.

La roulette est toujours orientée vers le centre de la salle. Le reste de la table est occupé par le tapis. Trois croupiers se trouvent à table. Deux d'entre eux se tiennent côté roulette, animent le jeu et placent les jetons. Le troisième, en bout de table, est là en renfort pour prendre les annonces et effectuer les paiements des clients proches de lui. Enfin, le chef de table se trouve sur une chaise haute face à la roulette, un peu comme un arbitre au tennis, de façon à avoir une vue globale sur le jeu. La table peut accueillir dix clients assis, mais aussi un nombre important de joueurs debout : c'est pour ça que le jeu mobilise un personnel nombreux. Quand j'ai commencé, trente clients autour de la table constituaient une moyenne courante. C'est par exemple le nombre de joueurs que j'avais lorsque le Serpent m'a accusé d'avoir triché et a voulu me fracasser la tête avec le râteau.

À mes débuts, et avant que la roulette européenne ne perde de son éclat sous l'effet du vieillissement de la clientèle, c'est cette particularité qui en faisait la grandeur et provoquait l'adrénaline : beaucoup de monde et une partie qui mélange petits, moyens et gros joueurs. Il pouvait y avoir côte à côte un petit papy qui joue à 5 euros toujours la même transversale, la même couleur ou le même numéro, un négociant en vins quinquagénaire qui joue à 25 euros la boule en faisant deux ou trois changes de 100 euros avec des annonces supplémentaires par rapport à son jeu habituel, et une femme plutôt bourgeoise qui joue à 50 euros la boule pour des changes de 500 euros et misant toujours la zone du tiers (il y a trois zones à la roulette : le tiers, les voisins et les orphelins), et sur le tapis les numéros sont inscrits par ordre croissant, du cylindre jusqu'au bout de la table, et on peut jouer ou placer les jetons en plein, en carré, en transversale ou à cheval. Par exemple, miser à cheval, c'est jouer deux numéros qui se suivent, comme le 6 et le 7. Dans ce cas, les jetons sont disposés sur la ligne, à cheval entre les deux. Des clients de ce profil-là, on pouvait en avoir plus de vingt autour de la table. Et puis il y avait les « bombardiers », les très gros clients qui commençaient directement à 10 000 euros la boule. Dans les parties à très grande échelle, chaque croupier pouvait se retrouver à gérer jusqu'à quinze clients à lui tout seul. L'ambiance était alors électrique : un brouhaha constant s'élevait de la table, les gens se bousculaient, les yeux rivés sur la roulette, quand le croupier lançait la boule en disant « Faites vos jeux », puis, avant qu'elle ne tombe, clôturait les mises par la formule rituelle « Rien ne va plus ». Or, lorsque la partie implique autant de participants, le risque d'erreur augmente et le croupier doit être encore plus vigilant, par exemple en répétant fort les annonces des clients pour que ses collègues, mais aussi les micros installés autour de chaque table, les entendent.

Le casino, c'est bien souvent une affaire de superstition. Ainsi, les gros joueurs, surtout quand ils gagnent, agissent sur les autres comme des aimants. Leur présence à table polarise les clients moins fortunés qui y voient un signe, espérant ainsi attirer à eux un peu de leur chance et de leur richesse. C'est une des raisons pour lesquelles les clients circulent beaucoup entre les parties, ce qui est facilité par les grands tableaux électroniques situés au-dessus des tables, affichant pour chacune d'elles les quinze derniers numéros tombés et permettant à tous de voir ce qui se passe à côté. Dès lors, en voyant qu'une table autre que la leur est gagnante sur le secteur des voisins et que c'est leur zone de jeu favorite, certains joueurs arrivent aussitôt et se joignent à la partie pour avoir plus de chances de gagner. Une soirée pouvait se dérouler ainsi par vagues et déborder sur la nuit, l'excitation et l'adrénaline à leur comble. Cependant, si les clients jouent pendant des heures, voire toute la nuit, surtout les petits qui misent sur la durée, un croupier ne reste jamais plus d'une heure à la même table, sauf si le client le lui demande expressément parce qu'il le trouve bon et que, évidemment, il est en train de gagner.

8

Le Lama Cracheur

Le Lama fait peur, très peur. Plus peur que n'importe quel mafieux dans un film de Scorsese. Pas très grand, trapu, très brun, barbu. On dirait un petit gorille, la tête rentrée dans les épaules, une petite bouche tordue vers le bas, tirant toujours la gueule. Il s'est pris une balle de kalachnikov dans le visage lors d'un attentat dans un pays du Caucase où il était ministre des Transports et des Télécommunications. Comptant parmi les rares survivants de cette tuerie, il en garde une balafre qui le défigure en partant de l'œil. Le Lama porte de grandes lunettes fumées style années 1970 pour cacher son œil de verre et une partie de son énorme cicatrice – qui lui vaut l'autre surnom de Scarface. Elle court jusqu'à sa bouche qui suinte en permanence et qu'il essuie régulièrement avec un petit mouchoir.

Le Lama cultive un look de mafieux à la fois décontracté et outrancier : des chemises en soie à motif de tigres qui descendent jusqu'aux genoux, des vestes trop grandes, des chaussures ornées de diamants. Sa garde rapprochée, composée d'anciens politiques, de ses cousins et de gardes du corps, porte exactement le même genre de tenues. Parmi eux, un ancien ministre des Sports, ex-champion de lutte. Une masse : 150 kg de muscles et des mains gigantesques. À l'une, il porte un solitaire incrusté d'un diamant gros comme un pouce. Un physique monstrueux. Quand on les voyait débarquer avec leurs têtes d'assassins, ils faisaient froid dans le dos et on se demandait même s'ils ne transportaient pas un cadavre coupé en morceaux dans le coffre de leur Rolls.

Le Lama est riche, très riche. Il se racontait qu'il avait touché 7 millions en pots-de-vin pour laisser aux États-Unis le monopole de la téléphonie mobile dans son pays. À une autre occasion, pour 11 millions, il a procédé de la même manière pour faire passer un oléoduc à travers le pays en rasant des villages et s'est prêté à bien d'autres sombres transactions. C'était un client des salles privées (où il n'y a que quelques tables), voire super-privées, qui n'accueillent qu'un seul joueur. Il arrivait toujours accompagné d'une ou deux filles, des prostituées ou des top-modèles de dix-huit ans, souvent choisies pour les clients par le patron d'une célèbre agence de mannequins. Il aimait se chiffonner au whisky. Dès qu'il gagnait, il souriait avec sa petite bouche tordue en s'exclamant « Aaah, mafia, *good good* ! » et en essuyant son œil de verre. Son jeu préféré était le black jack. Un très gros joueur, capable de claquer jusqu'à 300 000 dans la soirée. Quand il perdait, sa fureur était terrible, il se mettait alors à crier : « *You Satan ! You prostitute !* » Et surtout, à cracher sur tout ce qui bougeait. D'où son surnom de Lama Cracheur. Il se crachait à moitié dessus aussi, à cause de sa bouche balafrée. On avait appris à esquiver les mollards en faisant un petit pas de côté, mais personne n'était à l'abri. Le bruit courait qu'il avait cassé la main d'un croupier dans une crise de rage.

Un soir, il arrive, sympa, et me donne du « *my friend* » à tout va. La partie s'engage. Lorsque je m'apprête à récupérer une mise perdante, il pose sa main sur la mienne et me dit : « Hôtel de Paris, Hôtel de Paris. » Je comprends tout de suite qu'il essaie de me baronner : on appelait ainsi une combine qui consiste à arnaquer ensemble le Casino. Le Lama voulait manifestement qu'on se retrouve plus tard à l'Hôtel de Paris, où il logeait, pour que je lui laisse récupérer cette mise perdante, moyennant 20 000 pour moi. J'ai refusé le marché. Ce bourrin s'imaginait-il vraiment que je foutrais en l'air ma carrière pour une plaque ?

9

Arnaques, vols et baronnage

Jusqu'au milieu des années 1990, le baronnage constituait une pratique courante dans les casinos, allant de pair avec toutes sortes d'autres arnaques et de vols. Je n'ai pas connu cette période, mais des anciens m'en ont parlé avec force détails. Avant 1996, date à laquelle des micros et des caméras ont été installés aux tables et où la police des jeux est devenue beaucoup plus stricte et efficace, tout le monde se gavait, les clients comme les croupiers. Les arnaques n'étaient un secret pour personne, mais on regardait ailleurs et on laissait faire. Le mécanisme du baronnage est tout simple. Par exemple, à la roulette européenne, il existe trois secteurs et jeux principaux sur lesquels miser : le tiers, les voisins et les orphelins. Quand un client s'installait à table, le croupier demandait à son chef de table : « Quel est le jeu de monsieur ? » Et le chef répondait : « Attends, je te dirai quand la boule tombe. » Si elle tombait sur le tiers, le chef de table, de mèche avec le client, affirmait : « Tant à payer. » Le croupier en déduisait que le jeu était sur le tiers. Au moment de lancer une nouvelle boule, le chef de table annonçait que le jeu était sur les orphelins ou les voisins;

ainsi, quoi qu'il arrive, le client voyait ses chances de gagner augmenter considérablement, parce que le secteur n'était décidé qu'une fois que la boule y était tombée. Ça, c'est du pur baronnage. Ensuite, le client filait 10 000 balles au chef de table hors du Casino.

Et puis il y avait les vols ordinaires. Il arrivait que le croupier ouvre une table avec 2 000 000 francs en caisse, et il y avait toujours des types pour se mettre une plaque de 5 000 ou de 10 000 dans la poche. Même chose à la fermeture. Certains directeurs faisaient tout pour que l'équipe de table reste en pause toute la nuit et ne les voie pas récupérer des plaques. Le lendemain, celui qui ouvrait savait très bien que telle ou telle table serait déjà en perte de 200 000 ou 300 000 francs. C'était le quotidien et la réputation du Casino de Monte-Carlo, à l'époque. D'ailleurs, lorsqu'un croupier vole, son chef vole aussi parce que, étant également à table, il fait partie de l'histoire, qu'il le veuille ou non. Quant aux serveurs, aux inspecteurs et à tous ceux qui circulaient dans la salle, on leur laissait tomber une plaque pour qu'ils se taisent.

Cet argent détourné alimentait souvent des cercles de jeux parallèles. Il n'y avait pas que le Casino, ça jouait énormément et partout, à Monaco. Dans les arrière-salles des restaurants, des pubs, des bars ou même dans les chambres d'hôtel, par exemple au-dessus du Sun Casino où se déroulaient des parties de backgammon d'enfer. La ville transpirait le jeu de toute part. Et le baronnage, le vol, les arnaques participaient de cette ambiance flamboyante et transgressive. C'était l'époque où l'on sortait du Casino avec 10 000 balles volées dans la poche et où l'on pouvait payer en plaques de jeux à peu près n'importe où, surtout dans les discothèques. Les croupiers engrangeaient un argent phénoménal. Ils se faisaient des salaires de footballeurs et se payaient une villa en une seule petite année. Ils étaient intouchables, certains plus riches encore que les clients. Dans un sens, c'est un temps que j'aurais bien aimé vivre parce qu'il devait être bien plus grisant et fascinant que celui que j'ai connu et où tout était déjà régulé.

En 1996, avec l'arrivée des micros et des caméras, le Casino a subi un gros coup de balai. Des dizaines et des dizaines d'employés – des croupiers, des chefs de table, des inspecteurs, des directeurs – qui s'en étaient mis plein les poches ont été virés car leurs magouilles étaient désormais visibles. Ceux qui étaient réglo, en revanche – il y en avait quand même ! –, se sont retrouvés du jour au lendemain propulsés de simples employés à chefs, inspecteurs ou directeurs. Et pas forcément pour le meilleur, parce que s'ils étaient honnêtes, ils n'étaient pas toujours qualifiés pour autant.

Pendant l'essentiel de ma carrière, surtout à la roulette, je ne respectais pas beaucoup mes collègues ou ma hiérarchie parce que nombre d'incompétents de l'époque post-1996 étaient encore en poste. Mais il y avait quand même des exceptions, comme Damien et Matthieu, deux très bons croupiers dont le parcours a été très proche du mien. J'ai connu Damien quand nous étions tous les deux chasseurs. Issu d'une famille monégasque italienne, il en avait le physique : très brun, la peau mate. Nous avons fait toutes nos écoles des jeux ensemble, avons débuté au Sun Casino en même temps avant de monter au Café de Paris puis au Grand

Casino ensemble aussi. Or, contrairement à moi, Damien avait le jeu dans le sang. Et même s'il avait fait des études, il ne voulait pas exercer d'autre métier. Son père avait longtemps été directeur des jeux européens et son grand-père maternel avait également travaillé au Casino. Depuis tout jeune, il était donc imprégné de cette culture et faisait partie de ces familles très bien intégrées à la vie monégasque, bien plus bourgeoises que la mienne, qui se retrouvaient chaque jour à 13 heures place du Marché pour prendre le café avant que chacun ne vaque à ses obligations.

C'était un excellent croupier, rapide, méthodique, avec une très belle manipulation des jetons. Dès l'école de black jack, il m'a aidé en me transmettant quelques astuces qu'il tenait de son père. Il connaissait déjà très bien les jeux et pouvait même se montrer plus pédagogue que certains profs. Il maîtrisait toutes les règles dans leurs moindres subtilités et était doté d'une excellente mémoire. À la roulette, il était capable de se souvenir du jeu d'un client que l'on n'avait pas vu depuis six mois. Parfois, on allait boire des coups ensemble ; en revanche, on n'a jamais vraiment travaillé à la même table de roulette – ça a dû arriver une seule fois – parce que, au Casino, les très bons croupiers sont toujours mis à des tables différentes.

Damien avait une force que je ne possédais pas : le cirque des clients, leur comportement grossier le laissaient de marbre. Pourtant, il avait eu sa part, lui aussi : dans une de ses crises, Domino l'avait attrapé par le cou, le secouant violemment. Mais il parvenait à passer outre l'inacceptable, parce qu'il plaçait le Casino au-dessus de tout. Il supportait aussi beaucoup mieux que moi le rythme de travail décalé, même s'il avait une famille. Malgré ça, et bien qu'il ait été le fils d'un directeur des jeux, il avait, comme moi, choisi le chemin le plus difficile et le plus long. Une fois à la roulette européenne, il n'a plus progressé dans la hiérarchie parce que, à ce moment-là, il n'y avait pas de poste de cadre à pourvoir. Il est devenu chef de table au moment où je suis parti. Quand j'ai commencé à aller mal, il m'a beaucoup soutenu et m'a défendu, car il faisait partie du syndicat du Casino.

Matthieu, l'autre croupier que j'adorais, est entré au Casino un peu plus tard que nous. C'était le fils d'un directeur des jeux de légende, Michel Luciano, qui a fait tourner le Casino comme personne et qui est encore présent dans toutes les mémoires. Il a tenu la maison d'une main de fer jusqu'en 2001, soit deux ans après que j'y suis entré. Avec lui, tout le monde filait droit et le Casino engrangeait d'énormes bénéfices. Chacun était à sa place, tout le monde était traité avec respect. Mais il était aussi extrêmement politique, il savait s'y prendre pour obtenir ce qu'il voulait. Un véritable leader. Son fils était un beau garçon, blond aux yeux bleus, qui se comportait avec beaucoup d'assurance. Lui aussi était issu d'une très vieille famille monégasque et, quand nous avons comparé nos arbres généalogiques, nous avons découvert que nous étions de lointains cousins par la branche des Curti. Comme son père, Matthieu n'avait pas la langue dans sa poche, mais en usait toujours avec tact et élégance. Après une première carrière dans l'hôtellerie de luxe puis dans le secteur des jeux à Londres où il s'était spécialisé dans le black jack, il a fait les écoles en 2007 et nous a rejoints aux jeux européens en 2012, au moment où le

Casino a eu besoin de recruter de nombreux croupiers. Il ne manipulait pas les jetons aussi bien que Damien et moi – on ne manquait jamais une occasion de le chambrer à ce sujet –, mais il assurait malgré tout, et ce avec beaucoup de prestance. Il faisait partie des bons. Lui aussi a mis pas mal de temps à progresser dans la hiérarchie.

10

Weirdo

Weirdo n'était pas seul dans sa tête. On l'appelait comme ça parce qu'il était vraiment bizarre et étrange – ce que signifie *weirdo* en anglais. C'était un Italien de quarante-cinq ans, bel homme malgré un visage toujours rouge, d'imposante stature, gentil mais complètement illuminé, fou. Il nourrissait aussi un délire sexuel étrange. Il était accro aux prostituées les plus crades possible. Il était l'héritier d'une importante compagnie de transport en Italie. Au début, on le voyait comme un client assez discret, bien habillé. Il misait de 20 à 100 euros la boule. Il restait raisonnable. Ce n'était pas un gros joueur. Il s'est révélé quand il a hérité. À partir de ce moment-là, il a commencé à miser gros, 1 000 euros la boule. Et comme c'était le type le plus superstitieux du monde, il partait en vrille. Si un soir il gagnait en portant un certain pull, on le voyait arborer le même pendant deux semaines. S'il gagnait vêtu de claquettes et d'un jogging, il gardait cette tenue pendant deux semaines. Et les directeurs avaient beau essayer de lui faire enfiler au moins une veste pour qu'il ait l'air correct, il s'en foutait, il ne la mettait pas. Parfois, il passait toute la soirée avec la veste jetée sur son épaule comme une serviette après la douche.

Et puis il a commencé à avoir des tics et des TOC. Avant de tirer la boule, il procédait scrupuleusement à au moins cinq minutes de rituels. Par exemple, il se tordait le nez avec son pouce, se coiffait les sourcils, regardait en l'air trois fois puis touchait son col de chemise et ensuite mon nœud papillon. Il lui arrivait aussi de cogner trois fois sur le tapis avec le râteau. Enfin, il exigeait qu'on lui donne les jetons pour le change en les lui passant sous le bras. Mais parfois, tout ça ne suffisait pas. Au moment où je m'apprêtais à lancer la boule, il me disait : « Stop ! Attendez, attendez ! », et il refaisait tout son rituel devant les autres clients, hilares mais tout de même impressionnés de voir qu'il était capable de jouer 500 000 dans la soirée. Quand Weirdo était enfin prêt, il lançait d'un coup « *Andiamo* », et la partie pouvait commencer. À la fin des parties, on sortait lessivés, la tête gonflée comme une pastèque. Néanmoins, il était très généreux et nous laissait des pourboires de 20 000 euros dès qu'il en gagnait 100 000.

Je me souviens d'un soir d'hiver en semaine, un de ces soirs où il y a peu de monde. À part Weirdo, un seul autre client était là, un touriste russe qui ne jouait même pas mais qui s'est simplement mis à regarder la partie. Il était 3 heures du matin, et on n'en pouvait plus de Weirdo et de ses rituels incessants, aggravés par la cuite monumentale qu'il était en train de se prendre. Il a commencé à perdre : 200 000, 300 000, 500 000, c'était pire à chaque boule et à chaque verre de whisky. Il se mettait clairement dedans. À un moment, à un numéro près de se récupérer, il se rate.

Une vraie soirée noire pour lui. D'un coup, Weirdo cesse de jouer, se tourne vers le Russe et le toise sans un mot. Le chef de table, l'inspecteur et le serveur encore présents s'immobilisent eux aussi. Weirdo fixe le Russe pendant encore deux ou trois minutes sans rien dire. Puis je comprends à un mouvement et à un bruit de gorge qu'il est en train de préparer un énorme mollard. Une seconde plus tard, il le crache au visage du Russe. Puis, devenu rouge écarlate, il lui gueule dessus en italien en lui disant que c'est sa faute s'il perd. C'est peut-être le seul Russe que j'ai vu au Casino qui n'était pas un assassin, juste un mec normal. Il s'est essuyé sans prononcer une parole.

Le directeur des jeux, qui venait d'être nommé, est arrivé à ce moment-là. Ami du prince Albert, il se sentait à l'aise au Casino, ça se voyait à son assurance. Sportif, il avait pratiqué le karaté. Il est intervenu tout de suite, demandant ce qui se passait. Weirdo ne s'est pas démonté : « Y a ce putain de Russe qui me porte malheur, qu'est-ce qu'il fout là ? Il devrait pas être à ma table. » Le directeur lui a répondu calmement que le Russe avait parfaitement le droit d'être présent, que ce n'était ni un salon ni une table privés. Il a ensuite suggéré au Russe dans un anglais poli de quitter la table, pour sa propre sécurité, ce que l'homme a fait sans protester, traversant les salons qui le séparaient de la sortie. Weirdo nous a alors demandé de retirer une boule et s'est remis 30 000 dans les dents. Il a balancé les jetons par terre, s'est levé d'un coup et s'est mis à courir derrière le Russe, qui avait fait 60 mètres à peine, avec l'évidente intention de le frapper. Le directeur s'est lancé à sa poursuite sur l'épais tapis rouge et l'a attrapé juste avant qu'il n'arrive à la hauteur du type, en mode *Karaté Kid.* Weirdo est tombé à terre. Une scène irréelle. Weirdo s'est relevé et a commencé à supplier le directeur de le laisser jouer encore une fois, en chouinant. Le directeur ne voulait rien entendre : « Non, c'est fini, vous rentrez chez vous, vous allez vous coucher. » Il l'a réprimandé comme un gamin. Weirdo a continué de le supplier à genoux pendant encore une demi-heure. Mais le directeur a tenu bon.

11

Les pourboires

Le jeu qui générait le plus de pourboires, c'était la roulette européenne, principalement parce qu'elle permet de nouer une relation particulière avec le client. Le croupier prend son jeu, le comprend, le place sur le tapis. À condition de bien faire son travail, le croupier engrange donc des pourboires et, si le client gagne, l'usage veut que ce dernier lui laisse quelque chose. Or, avec l'explosion de la clientèle internationale, surtout russe ou arabe, cet usage commence à se perdre, il est en tout cas moins spontané. J'ai malgré tout connu des nuits fantastiques avec des clients qui donnaient peu. Le pourboire relève d'une culture du jeu très européenne, italienne, française, anglaise. Les Italiens sont particulièrement classe en ce domaine. Ils donnent beaucoup et jettent une plaque de 10 000 à la première occasion. Ça leur permet de briller, de faire le show.

Pendant des années, les pourboires ont représenté une source importante d'argent et d'actifs, gérée par le Casino de manière totalement obscure. La caisse destinée aux pourboires était scellée et fermée à clef, les pourboires de tous les employés y étaient mis en commun et, à la fin de la soirée, on ne savait pas où partait la boîte. Les chefs de table disaient juste : « Ça va en haut », autrement dit, au Casino général. À mes débuts, je ne comprenais pas ce système. Il s'agissait de mes pourboires, je les avais gagnés. Pourquoi ne me revenaient-ils pas directement ? Ensuite, j'ai appris que l'argent des pourboires était entièrement redistribué sur l'ensemble des Casinos selon un système de fontaine. Il servait à donner des primes en liquide aux employés, surtout aux petits salaires, chasseurs, nettoyeurs de salons, caissiers, secrétaires. Les sommes étaient laissées à la discrétion du directeur comptable et surtout un peu à la tête du client : selon que les employés étaient plus ou moins appréciés de lui, il leur donnait plus ou moins. La répartition ne se faisait donc pas en fonction du travail fourni. Cette prime pouvait aller de 100 à 3 000 euros. Évidemment, on ne connaissait pas le montant initial avant répartition. Les directeurs pouvaient très bien se garder plusieurs milliers d'euros avant de distribuer les enveloppes au personnel.

Mais les pourboires servaient surtout à payer les employés. Par exemple, les salaires des croupiers du Sun Casino, établissement qui rapportait le moins d'argent, étaient presque entièrement constitués des pourboires réalisés par les « bleus », en référence à la couleur d'origine des costumes des croupiers des jeux européens. Ce surnom est resté même si, un an après mon embauche, ils sont passés aux costumes noirs comme tous les autres employés. Pour comprendre l'économie des pourboires, il faut revenir à la hiérarchie des trois Casinos. Le Sun faisait entre 15 et 18 millions de chiffre d'affaires et 500 000 euros de pourboires. Le Café de Paris, 18 à 19 millions de chiffre d'affaires et 700 000 de pourboires. Avec leurs bénéfices, ces deux salles arrivaient à peine à payer les employés dont les salaires cumulés représentaient à eux seuls 20 millions par an. Enfin, le Grand Casino où j'ai travaillé à partir de 2007 faisait 70 à 100 millions de chiffre d'affaires et 20 à 27 millions de pourboires par an. Avec cette somme, le Casino payait une très grosse partie des petits salaires, serveurs, chasseurs, femmes de ménage, dames pipi et même les croupiers. Autrement dit, les recettes et pourboires des jeux européens comblaient les trous des deux autres établissements. Le revers de la médaille, c'est que ce système provoquait du ressentiment et de la rivalité entre les employés des différents Casinos.

Un des premiers clients à me laisser un pourboire important fut un Italo-Argentin, propriétaire terrien qui possédait des milliers d'hectares en Argentine. Très poli, élégant, discret, toujours bien habillé quoique décontracté, polo, pantalon cigarette, mocassins. De toute ma carrière, j'ai rarement vu un joueur d'humeur aussi égale et agréable. Pourtant, il pouvait claquer jusqu'à 4 millions dans la soirée. Il gérait vraiment bien. En revanche, c'était « un cul de plomb ». Autrement dit, quand il était là, on savait qu'on en avait jusqu'à la fermeture. Mais il laissait systématiquement beaucoup de pourboires, 10 à 20 % des sommes qu'il misait.

Certains, au contraire, étaient de véritables sadiques au moment de donner leur pourboire. On connaissait par exemple un industriel italien, toujours blindé de cocaïne, que l'on surnommait Porky parce qu'il se comportait vraiment comme un porc, demandant aux serveurs qui lui apportaient ses boissons ou ses cigares à table de faire le chien s'ils voulaient leur pourboire. « *Fai cane, fai cane* », ordonnait-il, amusé. Le serveur devait alors tirer la langue et haleter avec les deux bras repliés sur la poitrine. Ensuite, Porky jetait quelques jetons à travers la salle et le serveur devait courir les chercher comme un chien à qui on lance un bâton ou une balle. Le spectacle était extrêmement humiliant. Pourtant, la plupart des serveurs, dont l'essentiel du salaire était constitué des pourboires, s'y soumettaient sans broncher. L'un d'entre eux m'avait même dit qu'il s'en fichait totalement : « Pour 100 euros, moi je veux bien imiter tous les animaux qu'il voudra. »

L'un des plus gros pourboires de ma carrière, je l'ai obtenu en 2007 après une soirée extraordinaire avec un client grec. Cet homme avait la particularité de chuchoter son jeu au point que les micros ne captaient pas toujours ce qu'il disait. Parfois, il nous adressait un simple geste de la main et ça signifiait qu'il jouait tout sur le maximum. Mais à d'autres moments, on était perdus face à ses mimes. Je regardais alors le chef de table et le découvrais tout aussi perplexe. Avec ce Grec, on travaillait donc toujours un peu à l'aveuglette, mais on laissait filer parce qu'il donnait énormément. Quand il gagnait 500 000, il lâchait carrément 50 000. Et tout ce qu'il remportait, il le remettait sur le tapis, de sorte que le Casino était toujours largement gagnant. En réalité, l'établissement l'essorait en recettes et en pourboires en jouant sur son addiction parce qu'on savait bien que ce client était incapable de prendre son gain et de partir. Pendant l'une des soirées avec lui en salle privée, nous avons récolté 586 000 euros. Sur cette somme, j'ai touché 5 % à la fin de l'exercice. C'était ma première année à la roulette européenne, j'étais euphorique. Je gagnais 5 400 euros par mois et, cette année-là, j'ai fait plus de 15 000 euros en pourboires. D'ailleurs, 2007 a été une année record pour tout le Casino – avant que la crise financière mondiale de 2008 n'éclate, raréfiant un peu la clientèle, les mises astronomiques et les largesses. 2011 a aussi été excellente pour moi : j'ai cumulé 20 000 euros en pourboires. Il faut préciser, cependant, que ces derniers constituent un plus, mais pas au point qu'on peut imaginer. On ne triple pas son salaire tous les mois. Et surtout, ils ne sont pas systématiques. Quand un croupier arrive au maximum de son salaire, ce qui était mon cas les dernières années, il ne touche plus de pourboires.

12

Domino

Prostré devant la table de jeu comme un légume, inerte, le teint cireux et la tête enfoncée dans les épaules, Domino est défoncé à l'héroïne. Sa petite bouche tombante et son visage dur font penser à De Niro dans ses plus grands rôles de mafieux ou à un personnage de la série *Gomorra*. À cette différence près qu'ici, dans cette salle privée du Casino, il ne joue aucun rôle. Il se met chiffon comme à chaque fois et mise gros. Domino fait partie de l'élite mafieuse qui détient le monopole des poubelles et des déchetteries de Naples, activité qui permet de blanchir facilement l'argent des activités criminelles. En Italie, ce business rapporte à tout le monde : en matière de rentabilité, il a même dépassé la prostitution ou la cocaïne, générant autour de 5 milliards d'euros par an. Domino ne prononce presque jamais un mot, se contentant d'émettre des grognements à travers ses fines lèvres crispées. Avec lui, nous sommes en permanence sur le qui-vive, nous ne savons jamais comment il va réagir. Il est capable de tout.

Ce soir-là, à la table de black jack, l'atmosphère est pesante. Il mise, perd, et 100 000 euros partent directement en fumée. Subitement, Domino décompense. Sans qu'on l'ait vu venir, il se colle une gifle monumentale. Puis une deuxième. Un filet de sang se forme au coin de sa lèvre. Les quelques autres joueurs des tables voisines sursautent et stoppent leur partie, interdits. Il rejoue et perd une nouvelle fois. Il se jette alors sur la table de black jack, s'y allonge de tout son long et se fourre autant de jetons qu'il peut dans la bouche, puis les recrache, les remet dans sa bouche, les recrache. C'est d'autant plus impressionnant à voir qu'il mise parfois sur presque tout le tapis et a la manie de faire des piles de jetons de 50 cm de haut, qu'il démolit à présent en tentant de les engloutir. Mais en réalité, je me mords les lèvres pour ne pas éclater de rire, surtout quand l'autre croupier en bout de table me lance à voix basse : « Waouh, c'est énorme ! » Domino se relève soudain dans un silence de mort et sort fumer son cigare sur le balcon. Je ramasse les jetons, tente de remettre un semblant d'ordre sur la table tout en évitant soigneusement de déranger la femme qui l'accompagne, une grande brune très maigre (c'est son genre), tout aussi défoncée que lui. Il tournait toujours avec cinq ou six prostituées, toujours les mêmes. On les appelait les Black Widows (les « veuves noires ») à cause de leur physique. Même quand il arrivait en famille, Domino avait l'habitude de réserver cinq chambres à l'Hôtel de Paris, dont une qui était destinée à ses relations tarifées.

Il venait parfois accompagné d'un autre type qu'il présentait comme une sorte de médecin. Peut-être lui fournissait-il la drogue qu'il s'envoyait pour pallier la folie du jeu. L'héroïne, qui agit comme un calmant puissant, lui permettait en effet de garder son sang-froid. Il traînait aussi souvent avec un moniteur d'auto-école de Naples habillé dans le plus pur style années 1970 : pantalon à pattes d'éléphant, chemise à fleurs et grosses lunettes de soleil. Domino aimait avoir sa cour près de lui et dominer son monde – d'où son surnom. Au moment où il perdait des mises à 100 000 euros, et bien qu'imbibé d'héroïne, l'adrénaline le réveillait malgré tout. Quand, en tirant des cartes, il se rapprochait du 21 et qu'il sentait qu'il avait une bonne main par rapport à la banque, il remettait de l'argent sur le tapis en se disant que le jeu pouvait tourner en sa faveur. Et s'il perdait quand même, il recommençait à se mettre des baffes. C'était une habitude, chez lui. En général, quand il perdait et que je le voyais venir, je m'arrangeais pour ramasser les jetons le plus vite possible, tout en restant imperturbable, dans mon costume noir et ma chemise blanche parfaitement repassée. C'était mon rôle, et a fortiori dans ce genre de situations. Le plus drôle, si on peut dire, c'est que cette manie allait crescendo. Il commençait toujours par de petites claques et se frappait de plus en fort à mesure que les sommes qu'il perdait prenaient de l'ampleur. À la fin, quand il n'avait plus d'espoir de se refaire, il se mettait même des doubles baffes qui le laissaient groggy, vacillant sur sa chaise comme un boxeur dans son coin après un round. Je crois que si quelqu'un d'autre l'avait frappé, il n'aurait pas réussi à cogner aussi fort.

Un autre soir, une de ses Black Widows, qui se la racontait en se présentant comme la femme de Domino, joue à la roulette de son côté. Elle met trois fois 50 000 sur le tapis, rien ne tombe et elle perd 150 000 euros. Serviable, le prof d'auto-école qui rapportait tout à Domino vient tout de suite le trouver à sa table pour lui dire que sa « femme » est en train de liquider son pognon. Domino arrive aussitôt et joue pour essayer de récupérer la somme. Malgré ses efforts et ses mises répétées, il n'y parvient pas et perd encore plus. Comme de coutume, il se couche sur la table. Et cette fois, il se met à faire de grandes brasses, comme s'il nageait dans une piscine, pour récupérer les jetons et se les fourrer dans la bouche. Sauf que les jetons en question font 8 cm de diamètre, tant et si bien qu'il s'en déchire les commissures des lèvres. Il a continué ce cirque encore quelques minutes tout en poussant des cris de porc qu'on égorge. Puis, comme à son habitude, il s'est relevé d'un coup et est parti fumer comme si rien ne s'était passé.

À une autre occasion encore, une de ses prostituées se présente au Casino avec un œil au beurre noir. Elle vient parler à un inspecteur. Elle cherche Domino. « C'est dégueulasse ce qu'ils m'ont fait. Je veux qu'ils me payent », articule-t-elle entre deux sanglots. L'inspecteur l'écoute à moitié. Elle finit par raconter que Domino et le prof d'auto-école, totalement drogués, lui ont proposé 5 000 euros pour pouvoir la frapper puis 50 000 euros supplémentaires pour le droit de lui déféquer dessus. Elle avait tout accepté et, finalement, ils ne lui avaient filé que 5 000. Elle était mal, désespérée. Elle voulait qu'on fasse quelque chose. Évidemment, personne n'a bougé d'un cil et, le soir même, Domino est arrivé et il fallait lui faire des courbettes, lui sourire. Lorsqu'on apprend ce genre d'histoires en plus du comportement habituel d'un client odieux, il est difficile de trouver du sens à son métier.

13

La police des jeux

La police des jeux travaille à l'aide du système de télésurveillance, grâce aux micros et aux carats installés sur les tables depuis le milieu des années 1990. Mais ses agents tournent aussi fréquemment dans les salons. Ils connaissent parfaitement le jeu, les manipulations, les techniques de triche. Ce sont essentiellement des Français, des anciens des Renseignements généraux qui améliorent ainsi leur retraite. Tous les membres de la police des jeux travaillent à couvert. On ne sait pas qui ils sont et on ne connaît pas leurs visages.

Un soir, je m'apprêtais à sortir prendre un verre avec un collègue après le boulot lorsqu'un employé de la télésurveillance est venu me voir pour me dire que je travaillais d'une manière fantastique, que j'avais une super manipulation des jetons, que tout était fluide. Ça m'a fait plaisir, d'autant que, souvent, les employés de la télésurveillance sont en fait des anciens croupiers qui ont été à table et qui connaissent les difficultés de ce métier. La première chose que regardent la police des jeux et les gars de la télésurveillance, c'est le croupier, afin de voir s'il n'y a pas de vol, s'il ne fait pas tomber un jeton dans la doublure de sa manche ou dans sa chaussette. Par le biais des trois micros installés à chaque table, ils écoutent aussi tout ce que le croupier dit, examinent le jeu à travers des caméras très précises qui zooment sur les mains et la manière dont il tient les jetons entre ses doigts. Un croupier qui manipule avec une grande fluidité en devient d'ailleurs presque suspect, parce que ça signifie qu'il a une plus forte capacité de triche.

Avec la présence des caméras, les arnaques sont devenues plus rares, mais je me souviens d'un inspecteur du Casino qui, s'étant entiché d'une prostituée, a commencé à voler au Café de Paris. À la fermeture des tables, il venait vérifier les piles de jetons alors que ce n'était pas dans ses attributions. Il tenait aussi absolument à aider au rangement des jetons dans la caisse, ce qui lui permettait de mettre les mains là où il n'aurait pas dû les mettre : le règlement veut que ce soit au croupier de s'acquitter de cette tâche. Son manège a fini par attirer l'attention. La police des jeux s'est mise à le suivre et s'est rapidement rendu compte que, tout en vérifiant les piles, l'inspecteur dissimulait un jeton dans la paume de sa main et qu'ensuite sa complice allait à la caisse le changer en cash. Ils l'ont interpellé et il a fait l'objet d'un licenciement.

Il est intéressant de noter que, en règle générale, la police des jeux flique davantage les croupiers et le reste du personnel que les clients qui, de toute façon, n'ont pratiquement plus la possibilité de tricher. À mes débuts et malgré les caméras, certains joueurs tentaient encore des tours de passe-passe, surtout à la roulette anglaise où les jetons n'avaient pas de valeur fixe inscrite sur leur surface. À l'époque, contrairement à aujourd'hui, pour ce jeu, on changeait son argent selon une couleur. On pouvait ainsi demander au change des jetons roses pour 10, 100 ou 1 000 euros. Le client mal intentionné jouait avec des jetons roses à 100, s'en gardait deux ou trois dans la poche et, la semaine suivante, revenait jouer, cette fois à 1 000 euros le jeton, en ressortant ceux qu'il avait joués à 100 euros et qui étaient exactement de la même couleur.

Lors de certaines très grosses parties, entre les joueurs et les spectateurs, vingt à trente personnes pouvaient être présentes autour de la table de black jack, et surtout à la roulette. Pendant que le croupier distribuait les cartes ou que la roulette tournait, certains, profitant du brouhaha général, se penchaient rapidement sur la table et piquaient des jetons à certains gros clients. J'en ai connu un qui s'était fait spécialiste de cette magouille et que la police des jeux a fini par serrer. Bien sûr, ils ne lui ont pas cassé les doigts, comme dans les films. Il a juste été fiché et interdit de Casino.

Ce qui se passe en dehors des tables, la police des jeux ne s'en mêle pas. D'énormes mafieux dans le genre du Serpent ou de Domino passaient tous les jours sous le nez de ses agents, faisant d'incessants allers-retours pour chercher des valises de 600 000 ou 700 000 euros – sans doute gagnés de manière illégale – en liquide dans des voitures sans que les contrôleurs lèvent un sourcil.

14

Blondie, le petit maçon et le bal des fous

Je n'ai jamais réussi à déterminer si Blondie était ou non un idiot. Héritier de riches banquiers turcs, on l'avait surnommé ainsi parce qu'il ne voulait jouer qu'avec les jetons de 100 euros, lesquels étaient jaunes. Pour le reste, il ressemblait davantage à Gollum dans *Le Seigneur des anneaux* qu'à un *golden-boy*. Il était par ailleurs très routinier dans son jeu. Souvent, il venait l'après-midi et restait une heure ou deux. Si ça se passait bien et qu'il gagnait, il se mettait à chanter *Strangers in the Night* à tue-tête dans un anglais approximatif, toujours avec la mâchoire avancée et tordue, ce qui lui donnait l'air d'un handicapé mental. Ensuite, il partait à la piscine, allait dîner puis revenait jouer. Si ça se passait mal, il ne bougeait pas et se mettait dedans. Un soir, il a perdu 6 millions d'euros et a totalement craqué, d'autant qu'il ne lui restait plus que 3 millions dans la banque privée du Casino (Société Financière et d'Encaissement, filiale de la Société des Bains de Mers). De rage, il a alors balancé une grosse plaque de 200 000 euros sur un employé qui se l'est prise sur la tempe avant de casser toutes les chaises de la salle. Il est entré dans une colère noire et s'est répandu en insultes. «*I fuck God, I fuck the director, I fuck prince Albert, I fuck Monaco, I fuck you all.*» Il faut croire que s'en prendre à la famille princière est vraiment la seule limite que le Casino ne pardonne pas à ses clients de franchir : le directeur a immédiatement suspendu la partie en faisant comprendre à Blondie que s'il insultait encore le prince, il fermerait la table.

Avec le temps, Blondie a sympathisé avec Weirdo et Domino. En se croisant, ils se mettaient à chanter *Strangers in the Night* à l'unisson. La scène pouvait être lunaire, en particulier quand débarquaient des Américains en smoking, élégants et polis. Certains paraissaient totalement stupéfaits à la vue de Weirdo en jogging sale et tatanes avec tous ses TOC, de Domino se mettant des claques et avalant les jetons et de Blondie chantant Sinatra avec sa mâchoire tordue. Trois psychopathes échappés de l'asile, mais trois psychopathes qui jouaient plus de millions que toute la salle réunie. Il était par ailleurs tout à fait étrange de voir ces trois dingues s'entendre aussi bien et même parfois se prêter 500 000 euros entre eux, alors qu'ils étaient capables de s'en prendre sauvagement à n'importe qui d'autre dès qu'on les contrariait ou qu'ils perdaient la même somme en jouant.

Ces trois-là étaient également «copains» avec un vendeur d'armes suisso-syrien. Tout ce que le Casino comptait de bandits, de grands délinquants et de mafieux, du Lama aux oligarques russes, le connaissait. À observer ce monde se saluer et deviser ensemble, j'avais le sentiment qu'il avait vendu des armes à tout le Casino. On l'appelait «le Petit Maçon» parce qu'il n'était pas bien grand, et costaud. Comme Domino, il adorait les prostituées grandes, maigres et brunes. Il en avait toujours deux ou trois autour de lui. Un jour, je lui faisais un paiement de 69 000 euros et il m'a dit, l'air vicelard : « Le 69, c'est mon chiffre fétiche. Mais ce que je préfère, c'est le double 69, tu devrais essayer. » Au début, il se montrait très gentil, courtois, même s'il avait une manie particulièrement agaçante qui, lorsqu'il s'y adonnait, ne présageait rien de bon. Quand il perdait et que la boule tournait, il imitait le bruit qu'elle faisait en passant sur les cases : « tic, tic, tic, tic, tic » et terminait toujours ce cliquetis vocal par l'expression « *remote control* » (« télécommande »). Dans sa paranoïa, il était persuadé que nous avions un bouton sous la table pour faire s'arrêter la boule là où nous le souhaitions, et donc le faire perdre. Dès qu'il commençait ses simagrées, on savait qu'il allait vriller et piquer un énorme fard. Je crois que si, dans ces moments-là, il avait eu une kalach dans les mains, il aurait pu tuer. À la place, il cassait le râteau, mettait de grands coups de pied dans la table et dans la caisse. Mais comme tout ce qui soutient le mobilier est en métal, un soir, il s'est pété le pied.

En se retrouvant à table avec de tels personnages, on tremblait : on savait que ça pouvait exploser à tout moment. Ils contribuaient vraiment à l'ambiance d'asile de fous de l'établissement. On était bien loin des mots de François Blanc, prononcés en inaugurant la Société des Bains de Mer et le Casino : « Ici, nous devons donner du rêve, des plaisirs, et de la beauté. »

Ces idéaux ne sont que chimères. Ce que le Casino nous donnait le plus souvent à nous, les employés, c'était la grossièreté, la violence, l'indécence et la laideur. Il faut savoir que le Casino de Monte-Carlo est le seul à tolérer ces dérives. Durant la vingtaine d'années où j'ai été croupier, j'ai parfois joué dans d'autres casinos en France, en Italie ou en Espagne. Par exemple, au Casino de Nice, comme ailleurs dans l'Hexagone, le client n'a pas le droit d'adresser la parole au croupier si ce n'est pour les besoins de son jeu. Encore moins de détruire le matériel ou de lancer les boules à travers la salle. Une seule fois, j'ai vu un client qui commençait à montrer des signes d'énervement : les inspecteurs sont intervenus dans la seconde. Même en Colombie, pays violent où les narcos sont rois, les clients se tiennent mieux. J'ai par exemple joué dans l'un des casinos de Carthagène, qui de l'extérieur a pourtant des allures de tripot, avec la quarantaine de prostituées faisant le pied de grue devant l'entrée et le directeur qui accueille le client pistolet à la ceinture. Cependant, à l'intérieur, le calme régnait. Et dès que des clients, y compris les plus puissants, tentaient de déstabiliser ou de provoquer le croupier, là encore, les inspecteurs intervenaient. Le Casino de Monte-Carlo est vraiment un monde à part, une bulle toujours prête à exploser au cœur du monde du jeu.

15

Retour en Colombie

J'ai divorcé de Carla en 2012. Je commençais à déprimer à cause de l'ambiance du Casino, des clients, du rythme de travail. Carla et moi savions que c'était la fin. Le plus difficile fut de devoir cohabiter pendant un an encore dans l'appartement de 60 m^2 que j'avais acheté à Roquebrune en 2010. Dans l'intervalle, elle avait rencontré un autre homme et elle est arrivée enceinte au tribunal pour le jugement de divorce. Même si notre séparation était inéluctable, ç'a été dur à encaisser, noircissant un peu plus un tableau déjà sombre. Néanmoins, grâce à Carla, j'avais pu découvrir la Colombie et ce continent d'Amérique du Sud qui m'attirait irrésistiblement depuis tout petit. Et ce pour tout : par exemple, les publicités de gel douche tournées dans ce qui ressemblait à la forêt amazonienne me fascinaient. Dans ma salle de bains, gamin, je m'imaginais sous une pluie tropicale. Je fermais les yeux, bouchais et débouchais mes oreilles, tâchant de reproduire le bruit d'un orage et ses coups de tonnerre réguliers. J'adorais le dessin animé *Les Mystérieuses Cités d'or* et les documentaires télévisés sur l'Amérique du Sud. Les animaux m'émerveillaient, les condors, les anacondas, les jaguars, les aigles… Mon mariage avec Carla m'a permis de bien connaître la Colombie, ses forêts, ses montagnes, ses côtes. Sans le Casino, je n'aurais évidemment pas pu m'offrir tous ces voyages.

En 2013, donc, au bout du rouleau, je décide de passer un mois en Colombie pour visiter Caño Cristales, lieu d'exception que je n'avais pas vu au cours de nos voyages précédents parce que les parents de Carla craignaient les attaques de guérilleros : la lutte entre les Farc et les groupes nationaux paramilitaires a toujours été vivace dans cette région au centre du pays. Mais en 2013, le conflit était moins intense, d'autant qu'une base militaire y avait été construite. Caño Cristales est un parc national au cœur duquel coule une rivière de 115 km, pleine de rapides et de cascades. On y trouve notamment une magnifique plante aquatique, la *Macarenia clavigera*, qui devient rose, violette ou, à maturité, rouge sang sous l'effet des rayons du soleil, mais aussi les célèbres marmites du diable, des roches anciennes qui forment des vasques renfermant de l'eau ou du sable d'un blanc éclatant. Surnommé la « vallée des sept couleurs », Caño Cristales est une merveille de la nature.

C'est à l'aéroport de Francfort, où j'attendais ma correspondance pour Bogota, que j'ai rencontré Adriana. J'ai tout de suite remarqué son très beau profil. Le hasard a voulu que la seule place disponible dans la salle d'attente soit à côté d'elle. Elle m'a plu instantanément, et j'ai décidé de trouver un moyen de lui parler. Je lui ai demandé de surveiller mes affaires le temps que j'aille chercher un jus d'orange. Évidemment, je suis revenu avec deux canettes. Adriana rentrait à Bogota après son premier voyage en France où elle avait assisté à un congrès à Cannes – elle travaillait alors pour une importante entreprise de prothèses dentaires. Une fois dans l'avion, nous n'avons pas pu continuer à discuter parce que nos places étaient éloignées l'une de l'autre. Au cours des dix heures de vol, j'ai fait au moins trois tentatives pour venir lui parler, mais sa voisine ne la lâchait pas. Vers la fin du voyage, Adriana s'est déplacée jusqu'à mon siège. Le coup de foudre avait été réciproque. On sent ces choses-là. Ça se passe dans les yeux, dans l'énergie. Elle m'a donné son numéro pendant qu'on attendait de récupérer nos bagages à l'aéroport. Et avant que je ne parte à Caño Cristales, nous avons passé ensemble deux jours délicieux. On avait beaucoup en commun, à commencer par nos situations sentimentales. Je sortais de mon divorce, elle aussi était à la fin d'une relation compliquée.

Adriana représentait tout le contraire de Monaco, et même de Carla. Elle avait été élevée à la campagne au milieu d'animaux et était d'un naturel simple, authentique, très rassurant. Pendant les quatre jours de randonnée à Caño Cristales, crapahutant avec mon sac au dos, je n'ai cessé de penser à elle. À mon retour à Bogota, on a continué à se voir entre deux rendez-vous professionnels. À l'époque, je venais de passer un diplôme de gemmologie et je projetais de me lancer dans le commerce d'émeraudes une fois que j'aurais quitté le Casino. J'avais donc des propriétaires de mines à rencontrer, des contacts à prendre, la Colombie étant réputée pour ses pierres précieuses. Pour un de ces voyages, je devais me rendre à Carthagène, sur la côte. J'ai proposé à Adriana de m'y rejoindre pour le week-end. Elle a accepté, et nous avons passé deux jours à mener la grande vie, deux jours d'amour parfait. À la fin du mois, je suis rentré à Monaco. Nous avons continué cette relation à distance, mais je suis retourné la voir dès que j'ai pu au mois de novembre suivant. Adriana a décidé de venir à Monaco en février 2014. Elle s'est installée avec moi à Roquebrune et Diego, notre fils, est né deux ans plus tard. Depuis qu'elle est entrée dans ma vie, nous partageons un bonheur sans ombre. Pour la première fois, je me suis senti épaulé. Jamais elle n'a critiqué mon travail ou ne s'est plainte de mes horaires décalés. Bien sûr, Monaco n'a pas été facile pour elle au début. Elle avait du mal à se faire des amis, à évoluer dans cet univers de luxe souvent superficiel. Elle a aussi été d'un soutien exceptionnel quand je n'en pouvais plus du Casino et que j'ai commencé à frôler le burn-out, m'a encouragé lorsque j'ai voulu suivre une formation en finance pour devenir trader. Mais en 2014, la gemmologie et la finance n'étaient que des perspectives lointaines. Le Casino agissait sur moi comme un aimant et j'allais mettre quatre ans de plus à en sortir. Au quotidien, je devenais de plus en plus triste et fatigué. Quel dommage, quand on y pense : Monaco, c'est tout de même le rêve, l'endroit où l'on devrait être le plus heureux du monde. Or, je n'appréciais plus ce qu'il y a de beau et d'intense dans la principauté : le paysage, la plage, le soleil, les étés fantastiques et la sécurité de jour comme de nuit. Je voyais tout en noir.

Si je restais, c'était aussi pour l'argent. J'ai été le plus jeune du Casino à atteindre les jeux européens, les plus prestigieux. Se priver d'un très bon salaire, refuser la perspective de gagner le double en grimpant les échelons – même si pour le moment entre 2014 et 2020 ça tardait à arriver –, j'avais peur de renoncer à tout ça. Au Casino, je gagnais très bien ma vie. 8 300 euros par mois les dernières années, sans oublier que je ne payais pas d'impôts et que je bénéficiais de la sécurité de l'emploi. On s'habitue à un tel niveau de vie. Dans quel autre domaine allais-je pouvoir gagner autant ? L'argent est un moteur profond qui pousse à accepter presque tout et n'importe quoi au détriment même de la santé mentale. D'ailleurs, les anciens du Casino disaient souvent que les croupiers – et ils s'incluaient dans le lot – n'étaient rien d'autre que des « putes » incapables de renoncer à une activité lucrative et au mode de vie qui va avec. Mais malgré tous ces avantages, au fond de moi-même, je commençais à me consumer d'une angoisse terrible.

16

La Sibran

« Vous voulez qu'on baise ? Vous êtes contents de me baiser, bande de salauds ? » Vêtue d'un jogging sale, les cheveux ébouriffés, la Sibran vient de perdre 250 000 euros au craps et éructe face au personnel du Casino qu'elle prend à partie : « J'ai plus de sous, vous êtes contents ? Vous voulez vraiment me baiser ? Alors qui veut que je lui taille une pipe pour 500 balles, que je puisse continuer à jouer ? » La scène est d'une tristesse insondable, point culminant d'une descente aux enfers que j'ai observée pendant près deux ans. La Sibran, que j'ai connue au Café de Paris, n'a pas toujours été la loque qui s'agite devant nous à cet instant, sans aucune dignité. C'était une très riche Parisienne, épouse d'un grand ponte du show-biz.

Quand elle a commencé à fréquenter le Casino, elle était toujours bien habillée, bien coiffée, bien maquillée, parfaitement soignée. J'adorais ses cheveux, entre le roux et l'ocre, ondulés, magnifiques, tombant en cascade dans son dos. Elle m'impressionnait. Elle n'était pas forcément très belle, mais elle avait de l'allure et du charisme… Qui plus est, elle se comportait toujours d'une manière polie et aimable.

Elle misait fort, perdant parfois 150 000 euros sans ciller. Les fois où elle venait jouer au craps l'après-midi et où elle se retrouvait à court d'argent, elle était capable de prendre l'avion pour Paris à 20 heures pour aller chercher du fric et revenir jouer le soir même. Elle nous disait : « Attendez-moi, je vais demander du pognon à mon mari, je reviens. » Et elle réapparaissait à 3 heures du matin avec 200 000 euros de plus. Petit à petit, elle est devenue plus dure, plus sèche, a commencé à mal nous parler. La maladie du jeu était en train de la gagner comme un poison lent. Elle ne loupait pas les croupiers : « De quoi tu me parles, petit con, petite merde ? », nous répondait-elle quand on lui posait des questions. Elle négligeait aussi de plus en plus son apparence.

Je l'ai vue se faner ainsi à mesure qu'elle creusait le trou de ses pertes. Elle buvait et fumait comme un pompier, complètement à la dérive. Un soir, totalement ivre, elle m'a même attrapé le menton pour tenter de m'embrasser sur la bouche. En un an seulement, elle ressemblait presque à une clocharde. On ne la voyait plus qu'en jogging, mal coiffée, ses cheveux magnifiques étaient devenus rêches et ternes, et elle semblait ne pas s'être lavée depuis plusieurs jours. Elle insultait tout le monde. À peine arrivée au Casino, elle gueulait déjà : « Vous m'avez bien enculée, mais je suis là, on va régler ça. » Jusqu'à ce soir dramatique où elle proposa de vendre des services sexuels comme une junkie en manque. On n'a évidemment pas bougé, demeurant le plus stoïques possible, bien conscients que les clients n'attendent que ça : un mouvement de lèvres, une mimique, une expression pour se jeter sur le croupier.

16

Une nuit sans fin

Pendant vingt-deux ans, je n'ai jamais su à quel moment j'allais pouvoir dormir. Je tournais en 4/2, plus rarement en 5/1, soit quatre jours de travail et deux jours de repos. Le problème, c'est que les horaires changeaient sans cesse. Le premier jour de la semaine était le plus lourd. Je commençais à 19 heures ou à 21 heures, et j'étais le dernier à partir au petit matin. Cette organisation s'est vite révélée terrible : pendant les deux jours de congé qui précédaient, je me remettais à vivre à un rythme diurne, à me lever et à me coucher assez tôt. Pour cette raison, le jour de la reprise, alors qu'il aurait fallu que je me repose, que je dorme le plus tard possible le matin, j'étais debout à 8 heures comme si je m'apprêtais à entamer une journée normale. J'essayais malgré tout de me préserver, ce qui me privait de pas mal d'activités. Par exemple, je n'allais pas faire de sport ni à la plage pour ne pas me fatiguer. En milieu d'après-midi, j'essayais de faire une sieste, mais je n'y arrivais pas toujours. Ensuite je commençais à me préparer, à me raser, à me coiffer, à repasser ma chemise. Puis je partais, rejoignais le Casino, me changeais en enfilant mon smoking, mon nœud papillon noir, ma chemise blanche. À 18 h 45, je me présentais à la table pour relever les croupiers de la journée et je débutais enfin ma nuit. Au Casino, je suivais le rythme d'une heure de travail puis de vingt minutes de pause, et ainsi de suite jusqu'à 5, 6 ou même 7 heures du matin.

La deuxième nuit, j'embauchais aussi à 19 heures, mais je finissais un peu plus tôt, vers 4 heures, sauf si deux ou trois gros clients étaient présents en même temps. Dans ces cas-là, il m'arrivait de nouveau d'y passer la nuit entière. De retour chez moi, je prenais le petit déjeuner avec Adriana et mon fils, puis j'allais me coucher malgré le soleil éclatant. Je me sentais dans le même état qu'après un *after* qui se serait éternisé. D'ailleurs, beaucoup de croupiers tombent en effet dans l'alcool ou dans la drogue à cause de ce rythme décalé. Parce qu'après une nuit de jeu, on sort stimulé, mentalement excité, et il est impossible de rentrer et de dormir tout de suite. Dans un travail de jour, on a la soirée entière pour se calmer et se détendre. Personne ne se couche à 19 heures. Alors, quand on termine à 4 heures, le réflexe est de sortir un peu, d'aller boire une bière pour décompresser. Voilà comment l'alcoolisme ou la toxicomanie peuvent s'installer insidieusement. Jusqu'à mes vingt-sept ou vingt-huit ans, j'ai moi-même vécu dans l'excès. Après le Casino, je sortais en boîte, je buvais, sniffais de la coke de temps en temps, mais au fil des années, je me suis posé des limites : les lendemains étaient terribles, ça nuisait à ma concentration. Petit à petit, j'ai espacé mes excès et, à trente ans, j'ai tout arrêté. D'autres croupiers optaient pour une vie totalement nocturne même quand ils ne travaillaient pas. Ils sortaient ou bien passaient leurs nuits de repos devant leur ordinateur. Mais ensuite, on se réveille à 13 heures, et on est complètement perdu. Psychologiquement, c'est très difficile. On déjeune à 15 heures, puis on mange de nouveau à 17 heures, souvent sans faim, parce qu'on sait qu'une fois au Casino, en fonction des parties, on n'aura peut-être pas le temps d'avaler quoi que ce soit.

La troisième nuit de ma semaine débutait à 16 heures. À peine réveillé, je déjeunais et repartais quasiment aussitôt. J'assurais un premier service de 16 heures à 19 heures, puis j'avais un break de 19 heures à 22 heures pendant lequel je dînais parfois en famille. Puis je reprenais de 22 heures à 3 heures. Le quatrième jour, je faisais l'après-midi : 14 heures-19 heures. Ces quelques heures me paraissaient pourtant interminables, tant j'étais épuisé par les trois nuits précédentes et parce que souvent, dans cette tranche horaire-là, il ne se passe pas grand-chose. Dès que j'avais terminé, je rentrais et je m'écroulais directement, mort de fatigue. Au réveil de mon premier jour de congé, je me reposais. Mais je me sentais décalé, paumé, comme en *jet lag*. Le deuxième jour, je retrouvais mes esprits et parvenais à en profiter un peu. Je sortais en famille, on allait se balader. Le lendemain, retour à la case départ. Le rythme 4/2 est mal fichu, et évidemment plus supportable quand on est jeune. Dans ma vingtaine, le quatrième jour, celui où je finissais à 19 heures, j'arrivais encore à sortir. Mais au bout d'un moment, ça devient impossible, surtout quand on a des enfants. Je n'avais jamais de temps pour mon fils et mon temps libre était de mauvaise qualité. En fin de compte, le rythme infernal et les horaires erratiques ont largement contribué à miner mon moral et à me mener à la dépression qui allait clore ma carrière au Casino.

17

Le fils du ministre

« Casse-toi, j'aime pas ta gueule, casse-toi ! » Alors que j'ouvre la porte du « trou » dans lequel il joue depuis plusieurs heures, et où je dois relever le croupier qui vient de terminer son service, le fils du ministre m'accueille plus que froidement. Dans ces cas-là, je sais qu'il ne sert à rien d'insister. Plutôt amusé, je referme tout de suite la porte en le laissant aux mains de mon collègue en attendant que quelqu'un d'autre vienne prendre sa place. Un bel énergumène, ce jeune homme. Un vrai fou du jeu, interdit de tous les autres casinos, de Londres à Las Vegas. Nous l'avons accueilli à Monte-Carlo pendant deux ans. Petit, carré, les cheveux toujours plaqués et gominés sur le côté pour se donner des airs de gangster, ultra-nerveux, hyper rapide. Il était très intelligent, visiblement doué en maths, vu la vitesse à laquelle il calculait. Il nous faisait pisser le sang. Il arrivait souvent à trouver une faille dans un jeu compliqué en une seconde, là où un très bon croupier aurait mis au moins une minute, et il calculait tout aussi vite les totaux de paiement.

Le surlendemain, je suis rappelé dans sa salle privée et, cette fois, il m'accepte – un exploit, vu sa réaction précédente.

Il avait la réputation de changer de croupier comme de chemise parce qu'il prenait très rapidement la mouche et se lassait vite. Pendant ses deux années au Casino, je crois que tous les employés sont passés entre ses mains. J'arrive donc en pleine partie. Je ne connais pas son jeu. Il est en train de perdre 600 000 euros et je le sens chaud bouillant. Ni l'inspecteur ni le directeur, présents tous deux, ne me briefent. Il me demande un change. Je lui donne cinq plaques de 20 000, les rouges. Et il me tombe directement dessus : « Tu es le pire croupier de la Terre, tu es nul, t'as pas compris que j'aime pas les plaques de 20 000 ? » Je lui réponds calmement, avec un léger sourire : « Je viens d'arriver, monsieur, je ne connais pas vos habitudes. » Mais il persiste : « Tu comprends rien, t'es nul. Tu rigoles, en plus ? » Voyant que la situation commence à déraper, je lui pose des limites : « Vous n'avez pas à me parler comme ça, monsieur. » Il se lève, menaçant et éructant : « Attends, attends, comment tu t'appelles, toi ? Laurent ? » À deux doigts de me virer à nouveau, il finit pourtant par se calmer : « Stop ! Alors, Laurent, je veux pas les plaques rouges de 20 000 et je vais t'expliquer mon jeu. » Finalement, je suis resté. Son jeu consistait à miser entre 100 000 et 150 000 euros la boule, mais il aimait bien faire tous ses changes et son jeu pendant que la boule tournait. Le rythme était infernal.

Quelques semaines plus tard, je l'ai eu à nouveau, un après-midi où il a mis une ambiance de stade de foot parce qu'il était en train de gagner 2 ou 3 millions dans la grande salle pleine d'autres clients. Il était si euphorique qu'il balançait des pourboires en plaques de 10 et de 20 000, voire jusqu'à 50 000 euros. Mais avant de lâcher chaque pourboire, il s'était mis en tête de faire chanter tous les employés « 10, 20, 30, 40 » et ainsi de suite, repris en chœur par les clients. Ce même après-midi, il gagne encore 1 million d'euros. Alors il se lève et se met à courir un sprint avant de finir sur les genoux, à l'instar d'un footballeur qui aurait marqué un but. Il monte ensuite sur la table, les chaises, et arrache presque le costume d'un directeur en essayant de l'embrasser sur la bouche. Chaque fois qu'on le voyait, il était ainsi : totalement désinhibé. Son comportement était excessif mais, d'une certaine manière, la plupart du temps, ça restait quand même sympathique.

En revanche, les fois où son côté excessif penchait de l'autre côté du curseur, il pouvait se transformer en une véritable ordure. De temps à autre, il lui arrivait, par exemple, de demander au croupier d'un ton aimable comment il se portait. Et si ce dernier répondait « Bien, merci monsieur », le fils du ministre explosait sans prévenir et crachait de but en blanc : « Mais ferme ta gueule, connard ! » Manipulateur au possible, il a par ailleurs réussi à faire rétrograder un inspecteur sur un coup de bluff. Après une partie en salle privée où il avait perdu toute sa mise, il a voulu continuer à jouer. Il a sorti un chèque plié de sa poche en demandant à l'inspecteur en question de le lui changer en jetons pour 600 000 euros. Comme c'est l'usage, ce dernier l'a invité à aller déposer le chèque à la banque du Casino. Le fils du ministre a refusé, prétextant qu'il était pressé de jouer, que ce serait une perte de temps. Après un instant d'hésitation, l'inspecteur a accepté de lui donner ses jetons. À la fin de la partie, non seulement il a perdu les 600 000 euros, mais le chèque est resté au fond de sa poche. Quand l'inspecteur a voulu le récupérer, le fils de ministre lui a asséné le coup fatal : « Fallait pas me croire. Tu m'as cru, j'ai joué, maintenant, c'est mort. Je t'ai niqué. » Évidemment, c'était une faute. Et l'inspecteur l'a payée au prix fort.

Ce personnage avait bien d'autres comportements étranges, parfois loufoques. Un soir, il a averti les relations publiques qu'il devait dîner avec sa femme et leur a demandé de le prévenir de son arrivée. L'épouse s'est rendue au Casino à 21 heures, mais son mari n'a pas souhaité interrompre sa partie. À 23 heures, il était encore en train de jouer. Furieuse, sa femme a craqué et a décidé d'aller le chercher. Averti, le fils du ministre, qui avait manifestement peur de se faire engueuler, a entrepris de se cacher derrière les colonnes de la terrasse avant de se glisser à quatre pattes sous les tables, l'observant inspecter les moindres recoins. Il est parvenu ainsi, en passant de table en table, à atteindre l'autre sortie de la grande salle. Et ça a marché, sa femme ne l'a jamais trouvé. En deux ans, il a perdu 2 millions qu'il n'a jamais remboursés. Et le Casino ne lui a finalement pas réclamé sa dette parce que 2 millions, c'est également la somme qu'il avait laissée en pourboires.

18

Fin de partie

En plus des horaires infernaux, le sentiment de stagner dans ma carrière me minait de plus en plus. En vingt-deux ans, j'aurais pu grimper les échelons, devenir chef de table, inspecteur ou directeur de salle. Or, à partir de mon entrée à la roulette européenne en 2007, je n'ai plus progressé et je suis resté croupier. Il y a plusieurs raisons à ça. Tout d'abord, dès la fin des années 2000, la roulette européenne a souffert. C'est un jeu d'initiés qui demande une certaine culture. En 2008, la crise financière a diminué le nombre de clients qui, d'autre part, vieillissaient. Au cours de ma carrière, j'ai rarement vu de nouveaux clients à la roulette européenne. Ces derniers, souvent plus jeunes, préféraient le black jack, plus facile, ou éventuellement le craps, un jeu qu'ils avaient vu au cinéma. Un nombre réduit de clients signifie un besoin limité de croupiers, ainsi que de managers. Pendant treize ans, il n'y a eu aucun changement de personnel à la roulette européenne. Je n'étais pas le seul concerné par ce problème d'évolution. Certains croupiers âgés de dix ou quinze ans de plus que moi attendaient toujours, eux aussi, de grimper dans la hiérarchie. Avec le recul, je pense que ma seule chance de devenir directeur de salle aurait été de ne pas faire l'école de roulette et de rester au Sun Casino. Parce que, à chaque école de jeu, à chaque évolution, on recommençait tout de zéro : on changeait de site, on changeait de collègues et de hiérarchie, d'horaires, et surtout on récupérait les périodes de vacances les moins pratiques.

Entre 2007 et 2020, nous avons aussi été témoins d'incessants changements de direction générale ou de direction des jeux, et d'une gestion catastrophique. Ce turn-over sauvage voyait se succéder des cadres pas toujours compétents, dont certains ne savaient même pas ce qu'était une Salle Europe, celle où se joue la roulette européenne, ou n'y avaient jamais travaillé. J'ai ainsi vu défiler des Monégasques venus directement du Sun Casino par piston, mais aussi des Anglais ou des Américains qui préféraient valoriser les jeux de leur pays – la roulette anglaise et le craps –, et donc faire évoluer les croupiers spécialisés dans ces derniers. Surtout, moi-même, je n'ai pas su y faire, je n'ai jamais appris à louvoyer pour m'imposer auprès d'un directeur ou d'un autre. Je suis entré au Casino à dix-neuf ans, sans avoir pratiquement rien connu d'autre. Et quand j'ai débuté à la roulette européenne, j'avais à peine vingt-sept ans. Pour ne rien arranger, je travaillais au côté d'autres croupiers plus âgés : entrés au Casino à trente-cinq ans après une première carrière dans un autre domaine, ils étaient plus expérimentés et aussi plus habiles pour faire évoluer leur carrière.

Un autre frein à ma progression, un peu paradoxal : je faisais partie des quatre meilleurs croupiers du Casino à la roulette européenne, or, quand un établissement de jeu dispose de très bons croupiers, il préfère les garder à table. J'ai vu des tables se vider parce que le croupier était mauvais. La roulette mobilise trois croupiers, et lorsque mes deux collègues n'étaient pas à la hauteur, j'assurais tout le boulot. Je ne me suis jamais départi du sentiment que le Casino préférait contenter une douzaine de médiocres plutôt que de défendre et de valoriser quatre personnes qui faisaient parfaitement le travail. D'ailleurs les trois autres croupiers spécialisés en jeux européens, Damien, Matthieu et le dernier, Patrice, ne montaient pas non plus. L'impression de me faire avoir commençait à prendre le dessus, à m'obséder, même, surtout à la fin des années 2010, d'autant que je générais un chiffre énorme qui permettait de payer les nouveaux. En matière de recettes et de pourboires, j'étais une vraie gagneuse pour le Casino.

Dès que j'ai osé me plaindre à la direction, on m'a fait miroiter un poste plus élevé, tout en me baratinant : on m'a annoncé que le Casino allait remettre de la logique et du mérite dans la progression de carrière. Mais il suffisait que je regarde autour de moi pour comprendre que ce discours avait pour seul objectif de m'endormir et de faire en sorte que je continue à assurer comme croupier. Il y avait déjà tellement de chefs, d'inspecteurs, de directeurs. Une véritable armée mexicaine. Les chefs étaient même plus nombreux que les autres employés, par rapport aux salles et aux tables ouvertes grâce aux passe-droits et autres pistons. Après 2008, la clientèle se faisant moins nombreuse, on a eu moins besoin de personnel et surtout de cadres. Et comme les licenciements n'étaient pas dans la culture du Casino, certains employés étaient totalement désœuvrés. Je connaissais par exemple un directeur avec qui j'avais fait les écoles des jeux qui venait tous les trois jours, travaillait deux heures et repartait aussitôt, et il était quand même payé 9 000 euros par mois pendant que moi, je me faisais insulter par les clients. Durant les deux dernières années de ma carrière au Casino, la fille de l'école qui n'arrivait pas à compter les cartes jusqu'à 21 est devenue inspectrice au Sun Casino ; elle aussi venait faire ses trois petites heures puis s'en allait. Je les aurais tous brûlés.

À partir de 2015, je suis totalement tombé en dépression. Je ressentais des montées d'angoisse presque impossibles à contrôler, je faisais des cauchemars, j'étais assailli de visions dans lesquelles je poignardais des clients. Même m'habiller pour aller au travail me faisait chialer. Je suis allé voir mon directeur et j'ai dit stop. Elle est où, ma carrière ? Quand est-ce que je passe chef, inspecteur, directeur ? Il a essayé de me passer de la pommade en affirmant que je faisais partie des meilleurs, que je présentais bien, que je parlais plusieurs langues, que j'étais indispensable. Pendant ce temps, Adriana, ma femme, me disait : « Arrête, on quitte Monaco, on recommence tout. Il suffit d'un toit et d'avoir de quoi manger, et on sera heureux. » Elle faisait tout pour que je cesse de craindre de renoncer à l'argent que ce métier me rapportait, mais aussi pour que j'en finisse avec ma frustration de ne pas évoluer davantage. En entendant ces mots, je fondais en larmes.

Les trois dernières années avant ma démission, j'ai beaucoup somatisé : j'ai développé une double hernie discale qui me paralysait à tel point que je ne sentais plus le bout de mes pieds. J'ai consulté des médecins et, pour finir, un psy, et j'ai obtenu un arrêt de travail. Au bout d'un an de dépression, on a même vu une voyante, sorte de guide spirituel, à Saint-Raphaël. Elle a prétendu que j'avais eu un ancêtre qui avait perdu tout son argent au casino et que j'essayais inconsciemment de rattraper cette perte. Au départ un peu sceptique, j'en ai parlé à ma grand-mère maternelle originaire de Castellane et, à mon grand étonnement, elle a confirmé qu'un de mes aïeux avait en effet claqué tout son argent dans un casino en Afrique du Nord. J'ai revu cette voyante deux ou trois fois ; « Partez, vous n'avez plus rien à faire au Casino », m'a-t-elle assuré. J'ai tenu jusqu'en 2020. La dernière année, on m'a quand même nommé sous-chef de table, c'est-à-dire chef de table à l'essai. Le directeur de l'époque avait remarqué que j'étais en train de craquer. Voilà que je bénéficiais enfin de cette promotion tant convoitée, mais, physiquement et mentalement, je n'y étais plus.

19

Le Géant Vert

C'était le client le plus important du Casino, capable de perdre 16 millions en deux soirs. Ce fut aussi un de mes premiers gros joueurs et un de mes derniers avant que je ne démissionne. À l'époque, ce milliardaire anglais faisait partie des cinquante plus grandes fortunes du monde. Petit, enveloppé, des cheveux blonds, longs et frisés, toujours plaqués en arrière. Surtout, il était très vulgaire, alors qu'il clamait à qui voulait l'entendre que la reine l'avait fait lord. Il s'exprimait vraiment comme un mec de la rue et se donnait des allures de dur à cuire. La première fois que je l'ai eu comme client, ça faisait à peine un an que je travaillais à la roulette. J'ai compris tout de suite que j'avais affaire à du très lourd. Il a joué d'emblée le maximum, soit 120 000 euros la boule. Je me souviens qu'il a misé sur le 5. Ce soir-là, il a gagné 1 million et, chaque fois que la boule retombait sur le 5, il me donnait 50 000 en pourboire. Quand il était là, les employés lui léchaient les pompes éhontément, étaient aux petits soins, l'encourageaient à continuer à jouer dans l'espoir de gratter une plaque de 20 000 en fin de soirée.

Très superstitieux, il aimait venir les soirs de pleine lune ou le 5 du mois, son chiffre fétiche. Sa femme, grâce à qui il avait pu lancer ses affaires parce qu'elle était déjà fortunée, ne supportait pas son addiction au jeu. Elle lui avait même fait signer un contrat d'après lequel, chaque fois qu'il perdait au Casino, il devait faire un chèque du même montant à ses enfants. Quand il se faisait tordre, lui aussi était capable de perdre tout contrôle, de lancer la boule à travers le salon, de casser le râteau devant tout le monde. En salle privée, il se lâchait encore plus, maltraitait les employés. La dernière fois que je l'ai eu, ma carrière touchait à sa fin. J'étais passé chef de table et je savais qu'il y avait des choses que je n'accepterais plus. La partie a commencé. On connaissait ses habitudes à la roulette, mais le croupier lui a quand même demandé comment il souhaitait jouer : le protocole l'exige à chaque début de partie. Le Géant Vert, excédé, l'a regardé et lui a dit en agitant son verre de whisky : « Est-ce tu veux que je t'explose ça sur la gueule ? » Je suis intervenu : « Personne ne fait ça ici, monsieur. » Il s'est mis à m'insulter : « Va te faire enculer, petite merde, petit chef de rien du tout ! » En réprimant un rire, j'ai répété ma phrase. Mon inspecteur, qui ne parlait pas un mot d'anglais, n'a pas bougé, n'a pas cherché à comprendre, et parce qu'il s'agissait du Géant Vert, le plus gros client du Casino, il a simplement décidé de changer immédiatement de croupier et de chef de table. Avec ce joueur, le turn-over était absolument dingue : il ne supportait aucun employé plus de cinq minutes. À la fin, la direction avait pris la décision d'installer un paravent derrière sa table. Des croupiers et des chefs de table attendaient derrière pour prendre la relève immédiate de ceux qui allaient immanquablement se faire virer.

La permissivité du Casino à l'égard du Géant Vert est le symbole même de l'abolition de toute limite face à l'argent. Où s'arrête-t-on ? Quand dit-on stop ? Est-ce normal de se faire insulter ou frapper juste parce qu'un client est milliardaire ? De ne jamais protester, de ne jamais faire de vagues au prétexte que si on le faisait, on perdrait son boulot ou on ne grimperait jamais dans la hiérarchie ?

20

La Colombie, l'envers du Casino

Et un jour, j'ai tout quitté. J'ai eu le chômage et 100 000 euros d'indemnités. Ça suffisait pour recommencer une nouvelle vie en Colombie. Nous avons débarqué dans le pays en octobre 2020, juste avant le second confinement. Nous nous sommes installés à Fusagasugá, à deux heures de Bogota, aidés par Ruben, un Colombien que nous avions rencontré en 2017 dans une bourse aux pierres précieuses. Avant notre arrivée, Ruben nous vendait des émeraudes, nous faisait rencontrer des acteurs importants de ce commerce dans lequel il s'était, selon ses dires, spécialisé. Mais nous allions bientôt découvrir, Adriana et moi, que ce n'était pas la seule de ses activités. Il avait aussi des restaurants, des menuiseries, une entreprise de chantier et il représentait même un chanteur. Autant dire que tout ça n'était pas très net. Pourtant, je lui ai fait confiance et je l'ai écouté. Sans doute trop. Ma crédulité est mon point faible. J'ai toujours cherché un mentor, un père de substitution, le mien étant depuis toujours assez peu présent et guère encourageant. Mon histoire avec Ruben, tout comme ma frustration de ne pas évoluer au Casino, est en réalité liée à mon besoin immense et constant de validation, de reconnaissance. Un problème sur lequel je travaille encore.

Par exemple, à l'origine, Adriana et moi souhaitions nous installer à Medellín, qui est aujourd'hui une ville ouverte, très américanisée, très riche en termes d'opportunités professionnelles. Mais Ruben a fini par nous convaincre de choisir la région de Fusagasugá parce qu'il y avait des intérêts. Je me suis rapidement rendu compte qu'il n'était pas tout à fait fiable. Le jour de notre atterrissage à Bogota, il devait venir nous chercher à l'aéroport et il a oublié. Ensuite, une fois en Colombie, il essayait de me faire dépenser de l'argent, m'incitait à travailler pour lui, me présentait à tout le monde comme un grand homme d'affaires français, ce qui était faux. Mais je l'écoutais parce que, malgré toutes ces années au Casino, je n'avais toujours pas confiance en moi. Par ailleurs, je sortais à peine de dépression.

Aujourd'hui, nous vivons à Pasca, près de Fusagasugá. C'est un coin qu'Adriana connaît bien puisque sa famille en est originaire. Notre voisinage plus ou moins proche est un mélange hétéroclite de propriétaires terriens, de paysans, de trafiquants qui cohabitent avec quelques groupes de Farc et de leurs opposants, parmi lesquels la section paramilitaire ultra-violente des Convivir, toujours présents dans la région. En 2003, le président Uribe avait démantelé les Farc, mais ils persistent ici et là, ainsi que leurs rivaux, les groupes paramilitaires nationalistes souvent utilisés par les grandes entreprises étrangères désireuses de s'implanter dans le pays, en particulier pour l'exploitation des mines de pierres précieuses. Elles font alors appel à eux comme service d'ordre.

À Pasca comme partout ailleurs en Colombie, l'écosystème mafieux touche presque tout le monde d'une manière ou d'une autre. Quelles que soient les mesures prises par les différents gouvernements, la Colombie reste un narco-État. Ruben en est un exemple typique. On le disait proche du « tsar des émeraudes » colombien et d'autres grands pontes de la délinquance locale. Et en dehors de ses activités officielles, je n'ai jamais vraiment su de quoi il vivait. Parfois, ça me glace l'échine de réaliser que, finalement, j'ai quitté le Casino de Monte-Carlo, cercle de mafieux et lieu de toutes les déviances, pour côtoyer aussitôt le même genre de milieu en Colombie. Comme si je ne parvenais pas à vivre hors des marges et d'une certaine forme de folie. La similitude ne s'arrête pas là. Au Casino, tout était piston, ici, tout est lobbying. Lobbies de notaires, de politiques, de juges, de mafieux et de narcotrafiquants qui tous se tiennent la main. Et puis il y a l'argent. Et là, on peut dire que la Colombie est le miroir inversé de Monaco ; ici, 3 % de la population détient toutes les richesses, alors qu'en principauté, les pauvres sont une infime minorité.

Ruben nous a par ailleurs totalement arnaqués en me faisant acheter pour 40 000 euros un terrain qui en valait 8 000. Et qui n'était même pas à lui. Et tous les papiers se sont révélés faux. Après que nous y avons construit notre maison, j'ai fini par découvrir qu'on pouvait être expulsés à tout moment pendant encore les trois ans à venir. En effet, en Colombie, en l'absence de papiers, on n'est considéré comme propriétaire légitime qu'au bout de six ans d'occupation d'un lieu. Pour l'instant, je laisse filer car, ici, Ruben a tout le monde dans sa poche, à commencer par le maire.

Et je ne pouvais pas compter sur Adriana pour m'alerter sur ces dangers parce qu'elle est née et a grandi dans ce système, dont elle a intégré la violence. Elle a connu la guérilla dans les villages. À treize ou quatorze ans, comme beaucoup d'adolescents de la campagne colombienne, elle a été presque endoctrinée par les Farc qui se pointaient chez les gens et s'y installaient sous la menace, un peu comme les Allemands en France durant l'Occupation. Il fallait les nourrir, les servir, les femmes devaient se mettre à leur disposition. Adolescente, Adriana était par exemple forcée de danser devant les guérilleros dès qu'ils l'exigeaient. Plus tard, elle s'est fait voler et braquer plusieurs fois, en ville comme à la campagne. Tout ça fait partie de son passé, et le quotidien périlleux la laisse plutôt impassible.

Ce n'était donc pas Adriana qui allait me dissuader de me mettre en affaires avec Ruben. Heureusement, même s'il trempe dans l'illégalité, il n'est pas dangereux. Il nous a quand même aidés à nous intégrer dans ce pays, nouveau pour moi. En comparaison, mes voisins sont beaucoup plus inquiétants. L'un a tué trois paramilitaires et a donné un temps dans le trafic de cocaïne tandis qu'un autre, à qui je prêtais de temps en temps ma voiture et ma moto, a ouvert un laboratoire de méthamphétamine après avoir planté beaucoup de pavot, fait de la contrebande de cigarettes et été le chauffeur d'un baron de la drogue. Les réalités de la vie en Colombie incluent aussi les vendettas pour des affaires dont certaines remontent à plusieurs années, des règlements de compte et des assassinats à la machette qui se produisent à quelques centaines de mètres de chez nous, quasiment chaque semaine. À Pasca, aucun homme ne sort sans être armé d'un revolver et d'une machette, moi y compris.

Quant à ma reconversion professionnelle, j'ai essayé de continuer le commerce d'émeraudes sans trop de succès, puis j'ai fait du trading en ligne pendant un an parce que je voulais un travail qui me permette de tout faire depuis chez moi afin de m'occuper le plus possible de mon fils, Diego, et de ma fille, Eileen, née en 2021. Mais j'ai vite déchanté : pour faire un bon trader, il faut entre huit et dix ans d'expérience. Que ce soient les pierres précieuses ou la finance, c'est comme si je ne parvenais pas à exercer un métier qui ne soit pas en rapport avec le luxe et l'argent, comme au Casino. J'ai aussi tenté de devenir prof de français. Quoique très intéressant, cet emploi était très mal payé. Plus globalement, dès que je m'essaie à un travail normal, je trouve qu'il n'y a aucun piquant, aucune adrénaline. J'ai toujours le sentiment que le confort me rend mal à l'aise et que la facilité m'ennuie. L'atmosphère du Casino semble m'avoir marqué à vie.

Depuis quelques mois, j'ai décidé de me lancer dans le café. Toute la famille d'Adriana travaille dans ce secteur. Je projette de faire de l'exportation en Chine ou aux États-Unis, ainsi qu'en France. Ce n'est pas facile non plus, surtout pour un « gringo ». Dès que j'entre en contact avec des locaux qui pourraient m'aider à mener à bien ce projet, ils tentent toujours de m'arnaquer. Ils se fichent de fidéliser un nouveau partenaire commercial. À cause de leur habitude de la violence, de la guerre et de la mort, le lendemain n'existe pas pour eux : ils prennent ce qu'il y à prendre sur le moment. J'espère que, un jour, on pourra quitter Pasca pour s'installer dans la région de Huilla, au pied de la cordillère orientale, beaucoup plus calme et parfaite pour cultiver du café. Et peut-être enfin laisser la violence, la folie et la démesure derrière moi.

Règles
des principaux jeux évoqués

LE BLACK JACK

Le but du jeu consiste à battre le croupier en obtenant un score supérieur au sien sans dépasser 21, l'idéal étant de parvenir à 21 points avec seulement deux cartes : un as et un roi, un as et une reine ou un as et un valet. C'est cette combinaison gagnante que l'on appelle le black jack. Au black jack, les cartes ont différentes valeurs : l'as vaut entre 1 et 11 points selon le choix du joueur au départ (une fois les cartes en main, il décide lui-même de la valeur de l'as, la seule carte à la valeur variable). Le roi, la reine et le valet valent 10 points. Les autres cartes valent de 2 à 10, la valeur correspondant à ce qui est affiché au recto.

Le croupier commence par distribuer deux cartes à chaque joueur. Il s'en attribue une seule. Le black jack peut intervenir dès la première donne à condition que l'un des joueurs ait reçu un as et une figure (un roi, une reine ou un valet). Dans ce cas, le croupier délivre au joueur 1,5 fois la mise initiale. Si ce dernier a misé 1 000 euros, il reçoit donc 1 500 euros. Si un joueur et le croupier font tous les deux black jack dès la distribution, aucune somme n'est échangée. Mais le jeu n'est pas fini pour autant et le croupier le poursuit avec les autres joueurs présents à table.

Si le croupier sort un as, il donne la possibilité aux joueurs de prendre une garantie. Ils se prémunissent ainsi d'un black jack du croupier en misant une somme qui ne dépasse pas la moitié de leur mise initiale. Le premier joueur qui parle est celui situé à gauche du croupier. Il a le droit de demander autant de cartes qu'il le souhaite sans dépasser 21 cartes. S'il n'a pas de black jack, le jeu passe au second joueur. Et ainsi de suite. Lors du déroulement de la partie, le joueur a plusieurs possibilités :

— tirer une carte (*hit*). Il doit indiquer au croupier qu'il souhaite prendre une carte en disant « carte » ;

— rester (*stand*). Le jouer annonce cela s'il ne veut pas d'autre carte, le plus souvent par un petit signe horizontal de la main au-dessus du jeu ;

— doubler la mise (*double*). Une nouvelle carte est distribuée au joueur s'il veut doubler sa mise ;

— splitter (*split*). Si le joueur possède une paire, il peut miser le même montant sur chacune des cartes. Mais s'il fait un black jack, il ne sera pas comptabilisé ;

— abandonner. Si un joueur abandonne la partie, il ne perd que la moitié de sa mise initiale et non la totalité.

Le croupier joue en dernier après tous les joueurs. S'il fait un black jack, il ramasse les mises de ces derniers. Il continue à tirer les cartes jusqu'à obtenir une valeur d'au moins 17. S'il dépasse 21, ce sont les joueurs qui gagnent. S'il n'atteint pas ce score, ceux qui affichent un total supérieur à celui du croupier gagnent et ceux qui ont un total inférieur perdent. Si un joueur est à égalité avec le croupier, il remporte sa mise sans bonus.

Pour gagner au black jack, on a besoin d'une part de chance. La qualité de la donne de départ est évidemment importante, mais il faut aussi bien connaître les règles du jeu et être attentif à son déroulement pour garder en mémoire quelles cartes sont déjà tombées.

LE CRAPS

Jeu de dés assez complexe qui consiste à parier sur le chiffre que va obtenir le joueur en lançant un jeu de dés. Tous les joueurs jouent contre le croupier. Les mises sont très variées :

— le « pass » : pari sur le tirage d'un 7 ou d'un 11 par le joueur. En ce cas, le joueur est payé directement. S'il fait 4, 5, 6, 8 ou 9, il avance d'une case sur le tapis et relance les dés jusqu'à faire un 7 ou 11. Gain d'une fois la mise initiale ;

— le « don't pass » : pari sur le tirage d'un 2, d'un 3 ou d'un 12 par le lanceur. Gain d'une fois la mise initiale ;

— le « come » : peu utilisé lors du premier lancer. On s'en sert lorsqu'un joueur retardataire arrive à la table ;

— le « don't come » : même chose que le « don't pass » mais jamais au premier lancer ;

— le « fields » : pari sur le tirage d'un 3, 4, 9, 10 ou 11 ;

— le « big 6 » : le 6 doit sortir avant le 7. Gain de la mise ;

— le « big 8 » : le 8 doit sortir avant le 7. Gain de la mise ;

— le « place » : pari sur le tirage d'un 4, 5, 6, 8, 9 ou 10 avant le 7 ou inversement ;

— le « 7 » : tirage immédiat du 7. Le joueur remporte quatre fois sa mise ;

— le « 11 » : tirage immédiat du 11. Le joueur remporte quinze fois sa mise ;

— le « craps » : tirage d'une triplette 2, 3 et 12. Vous remportez sept fois votre mise.

Les chiffres obtenus sont la somme des chiffres de l'ensemble des dés lancés. On jette deux dés à la fois et on mise sur « passe » (*pass*) ou « passera pas » (*don't pass*). Si le joueur obtient 2, 3 ou 12, il ne passe pas. C'est un craps. Les joueurs ayant parié qu'il passerait perdent aussi. Le croupier ramasse la mise. Ceux qui ont parié que le lanceur ne passerait pas récupèrent leur mise si le chiffre sortant est 2 ou 3. Si c'est 12, le jeu ne compte pas. Le même lanceur recommence à lancer. Si le lanceur obtient 7 ou 11, il gagne, ainsi que les joueurs qui ont parié sur « passe ». Ceux qui ont parié « ne passe pas » ont perdu et le croupier ramasse leur mise. Le même joueur relance les dés. Si le lanceur obtient 4, 5, 6, 8, 9 ou 10, le point est terminé.

La seconde phase du jeu ne commence que lorsque le lanceur a obtenu 4, 5, 6, 8, 9 ou 10 lors de la première phase. Le chiffre obtenu détermine le point qui est ensuite noté par le croupier. Le croupier peut augmenter la mise s'il choisit « passe » et la diminuer s'il choisit « ne passe pas ». Il y a trois cas de figure :

Le lanceur refait le point obtenu en phase 1. Il gagne, comme les joueurs ayant parié sur « passe ». Ceux qui ont misé sur « ne passe pas » perdent et le croupier ramasse leurs mises. Le joueur continuera à lancer au tour suivant.

Le lanceur obtient 7. Il perd, comme les joueurs ayant parié sur « passe ». Ceux qui ont misé sur « ne passe pas » gagnent. C'est ensuite au tour du voisin du lanceur, suivant le sens des aiguilles d'une montre, de jouer. Si le lanceur n'obtient ni le point ni 7, il doit relancer les dés jusqu'à ce qu'il fasse le point ou 7. S'il fait le point, il gagne, s'il obtient 7, il perd.

Gagner au craps consiste au moins à récupérer sa mise de départ, voire plus. Cela implique d'avoir bien assimilé toutes les règles. Même s'il s'agit d'un jeu de hasard, la réflexion compte malgré tout pour bien évaluer le rapport bénéfice/risque des paris.

LE CARIBBEAN STUD POKER

C'est une variante du poker jouée sur une table de black jack avec un jeu de 52 cartes. Son nom vient du lieu où il fut joué pour la première fois : les yachts de croisière qui sillonnaient les Caraïbes. On le nomme également « tropical stud poker ».

Il existe deux façons de jouer et de gagner à ce jeu. La première est similaire aux jeux de table traditionnels. Le joueur place une mise, appelée « ante », sur l'espace de la table dédié. Le croupier distribue 10 cartes couvertes, 5 au joueur et 5 à lui-même.

La dernière carte que le croupier se donne est découverte, de manière que le joueur la voie. Le joueur voit donc ses 5 cartes et la dernière carte du croupier. Le joueur décide alors de suivre ou de se coucher. Si le joueur décide de se coucher, sa mise (l'ante) est perdue. Si le joueur décide de suivre, il doit placer une autre mise, égale à la première, puis les jeux du joueur et du croupier sont comparés.

Le croupier montre ses cartes au joueur. Il doit avoir au moins un as ou un roi. Si ce n'est pas le cas, le joueur remporte l'ante, et la mise est enlevée. Dans le cas où le croupier est qualifié, c'est-à-dire qu'il a un as ou un roi, les jeux sont comparés : lorsque le joueur a un jeu plus fort que le croupier, il gagne l'ante, plus la mise augmentée en fonction de son jeu.

La seconde méthode est le jeu progressif et représente une option par rapport à la règle habituelle. Le joueur peut décider, au début de la partie, d'accompagner sa mise du pari additionnel d'avoir une flush ou plus. Les gains pour le progressif sont de 10 % du pot si le joueur a une *straight flush* et de 100 % du pot si le joueur a une *royal flush*.

Quinte royale :	100 fois la mise
Quinte flush :	50 fois la mise
Carré :	20 fois la mise
Full :	7 fois la mise
Couleur :	5 fois la mise
Quinte :	4 fois la mise
Brelan :	3 fois la mise
Deux paires :	2 fois la mise
Une paire :	1 fois la mise

LE BACCARA

Le baccara est un jeu de cartes et de hasard. L'objectif de chaque joueur est de deviner quelle est la main qui va remporter la manche. Il peut alors miser sur la main du joueur, sur la main du banquier ou la main des indécis, ou encore sur l'égalité des deux mains. Comme le black jack, il se joue avec 6 paquets de 52 cartes. Le but du jeu est de faire un pronostic sur la main gagnante. Cette dernière doit obtenir un total inférieur à 9, mais qui s'en rapproche. Or, si un joueur dépasse 9 points, une seule carte est prise en compte sur les deux distribuées.

Exemple : le joueur 1 fait un total de 15 points. Seuls les 5 points sont pris en compte : on enlève la carte de 10 points puisque le but est d'être toujours en dessous de 9.

Les mises au baccara sont les suivantes :

— la main du ponte : les joueurs parient sur la main du joueur qui a reçu les cartes. Le gain est celui de la mise ;

— la main du banquier : les joueurs parient sur la main du banquier. Les gains sont ceux de la mise ;

— miser sur l'égalité : les joueurs parient sur l'égalité des mains. La valeur des gains est 8 fois celle de la mise.

Le joueur pose ses jetons sur la case correspondante (joueur, banquier ou égalité).

4 cartes sont distribuées par le croupier : 2 sont posées sur la case « joueur » et 2 sur la case « banque ».

Les cartes sont retournées et leur valeur calculée.

L'as vaut 1 point.

Les cartes de 2 à 9 gardent leur valeur.

Les cartes 10, valet, dame et roi n'ont pas de valeur.

Si le joueur obtient un total inférieur à 6, une troisième carte est tirée.

Une fois que le joueur a sa troisième carte en main, c'est au tour du banquier.

Le total de chaque main est calculé.

Pour qu'une main l'emporte sur une autre, elle doit être supérieure.

Le joueur qui a fait la bonne mise est gagnant.

LA ROULETTE

Il s'agit de prédire l'endroit où la boule tombera en misant une certaine somme. Le joueur peut miser sur plusieurs probabilités. Il existe deux grands types de roulette : l'européenne, avec 36 cases de couleur et un seul zéro, et l'américaine, avec un zéro et un double zéro. La surface de la roulette est partagée en trois zones : les voisins du zéro (17 numéros), le tiers du cylindre (12 chiffres) et les orphelins (8 chiffres).

À la roulette, on peut miser sur plusieurs probabilités, c'est-à-dire parier sur les cases sur lesquelles vont s'arrêter les boules :

— si le joueur mise sur un chiffre de 0 à 36, il remporte 35 fois sa mise initiale ;

— s'il mise sur deux chiffres côte à côte (à cheval) et que la boule tombe sur l'un des deux, il remporte 17 fois la mise ;

— s'il mise sur trois numéros qui se touchent (transversale) et que la bille tombe sur l'un des trois, il gagne 11 fois sa mise ;

— s'il parie sur quatre numéros qui se touchent (carré) et que la boule tombe sur l'un des quatre, il gagne 8 fois la mise ;

— s'il mise sur six numéros qui se touchent (sizain) et que la boule tombe sur l'un des six, il remporte 5 fois la mise ;

— s'il mise sur une colonne ou un tiers et que la bille tombe dessus, il gagne 2 fois la mise ;

— enfin, si le joueur parie sur une couleur, un chiffre pair ou impair ou une moitié du cylindre et que la bille tombe dessus, il remporte 1 fois la mise.

Pour débuter la partie, le croupier dit : « Faites vos jeux. » C'est le moment de placer les mises exprimées avec les jetons d'une certaine valeur et de parier sur l'endroit où va s'arrêter la boule. Le joueur n'a que quelques secondes pour se décider. Il peut miser sur n'importe quel numéro, le zéro y compris.

Puis, en disant « Rien ne va plus », le croupier lance le jeu. Le joueur ne peut alors plus miser, sauf à Monaco où on peut annoncer des combinaisons de numéros à sa guise pendant que la boule tourne. Quand la bille s'arrête, le joueur découvre ainsi s'il a perdu sa mise ou gagné plus que ce qu'il a parié, pourvu que la boule s'arrête dans la zone prédite. Pour désigner le numéro sur lequel s'est arrêtée la boule, le croupier utilise un vocabulaire particulier :

— « passe » pour les numéros entre 19 et 36 ;

— « pair » pour les numéros se terminant par un chiffre pair ;

— « noir » pour les numéros de couleur noire ;

— « manque » pour les numéros de 1 à 18 ;

— « impair » pour les numéros se terminant par un chiffre impair ;

— « rouge » pour les numéros de couleur rouge ;

— « douzaines » pour la première, deuxième et troisième douzaines.

Puis le croupier ramasse, à l'aide du râteau, les mises des perdants.

On peut alors choisir d'arrêter la partie ou de la recommencer en effectuant une nouvelle mise.

Pour gagner une partie de roulette, c'est-à-dire remporter au moins le montant de votre mise ou davantage, quelques règles sont à respecter : bien connaître les différentes mises et gains possibles et toujours évaluer le rapport entre risques de pertes et chances de gain lors de la mise.

Remerciements

J'aimerais remercier en particulier ma femme Adriana Abaunza pour son amour et son soutien, mes enfants pour le courage qu'ils m'ont apporté et ma famille.

Je remercie également la Société des Bains de Mer pour m'avoir appris un métier et offert un travail pendant vingt ans.

Merci à Dorothée Cunéo pour l'intérêt porté à mon histoire, ainsi qu'à Georgina Tacou. Merci beaucoup à Virginie François pour son intelligence et sa sensibilité.

Table

Composition : Utibi.
Achevé d'imprimer par Grafica Veneta S.p.A.
à Trebaseleghe (Pd), en septembre 2023.
Dépôt légal : septembre 2023.

ISBN 978-2-207-16672-7 / Imprimé en Italie.

547882